JN119263

心にひびく教育を求めて

多田孝志先生と島根の教師30年

編集 | 山﨑 滋

著 | 錦織 明
| 山口 修司
| 荒川 仁美
| 内田 多恵子
| 松岡 祐子

巻頭言 | 多田 孝志

特別寄稿 | 森 泰

三恵社

目　　次

巻頭言　心にひびく教育の共創

　この教育実践記録集は、「奇跡の本」です。明治期以降の我が国の長い教育実践史を概観しても、30年余にわたり、地域の教師たちと、ひとりの実践研究者が毎年継続して交流をしつづけてきた事例はないでしょう。しかも、その長い年月は、常に新奇探究性にとみ、教育実践の高みを探究し、啓発し合ってきた日々なのです。特筆すべきはその日々が、志を同じくする朋としての強い絆、真の信頼と友愛を育んでいったことです。

1．たくさんの不思議

　この本には、学校での学びについてのたくさんの不思議にみちた内容が紹介されています。

　不思議のはじめは、出あいの不思議です。この世の中には思いもよらぬ、めぐり合わせによる不思議な出あいが起こります。その出あいをどのように生かすかで、その後の人生は変わっていきます。

　島根のまさに野趣と知性をかねそなえた先生方との出あいは、教育における数々の知的爆発をもたらし、まさに全国でも希有な先駆的な教育実践を共創させていきました。

　出あいの不思議は、多くの「なぜ」を生起させました。

・なぜ、学校の枠を超えて広がりと深まりがある学びが共創されていったのだろう。

・なぜ、教師たちが生き生きと活動し、全員が教育実践力を高めてい

く学校ができたのだろう。

・なぜ子どもたちが、次々と潜在能力を伸ばし、知的好奇心をもち探究する授業が生まれていったのだろうか。

・ピアノの演奏により、子どもたちが実に楽しそうにリズムカルに身体表現していくのはなぜだろうか。

・教師たちが力量を伸ばし、それに応じて子どもたちが自信をもち活動しはじめた、その根底には感性重視の思想がありそうだが、それはどうやって定着し、実践に生かされていったのか。

等々です。

　本著の各章では、教師たち一人ひとりが、「心に響く教育」を展開する歳月の中で、目をみはるように次々と教職の専門的力量を向上させていった不思議が解明されていきます。

　教育実践の高みに至るための、不思議の解明、それは具体的方途を明らかにすることを目的としてきました。しかし、全体を集約すると、その過程は「教師の使命感と誇りの復権」に向かっていくことにも気づかされました。その誇りとは、派手でなくても、泥臭くさくても、地道であろうと「事実として子どもたちを成長させる心に響く教育実践の共創」により確かなものになっていったのです。

　本著のテーマである「教育実践」は、教育行政の指示や管理を具現するための活動ではありません。また、研究者による理論研究の成果に依拠し、後追いするだけのもでもありません。

　理論研究について記せば、不思議の解明を目指した、教育実践の試行錯誤の現場こそ理論形成の母体です。教育の現場に深く根ざすことによってこそ、新たな創造的な教育原理が生まれていくものと考えます。そ

のためには、教育現場における自由で創造的な実践空間の創出と保証が
前提となることも明らかにされていきました。

▌2．対話とは

　本著の教育実践の特色である学びにおける「対話」の活用について若
干の説明をしておきます。対話とは、人と人、人と事象、人と多様な生
命体が直接かかわる行為です。それは単なる情報の交換ではありません。
それぞれの個性を尊重しつつ、言語のみでなく、微妙な所作、息遣い、
言語表現の声音、間のとりかたなどの表現している全体を、感じ、共感
しつつ相互交流し合う、そこに直接交流としての対話の意義があるので
す。そこから、人間同士としての相互理解・相互信頼が育まれていくの
です。たとえ、合意形成が得られなくても、対立で終始しても、共通の
目的に向かって語り合った事実は貴重なのです。直接に語り合う、ここ
に対話の特質があります。

　対話は、目的、参加者相互の関係などにより、4つの型に分類できま
す。すなわち、真理を希求していく真理探究型、集団スポーツにおける
監督と選手との間で交わされるような指示・伝達型対話、さまざまな軋
轢や対立が起こってきたとき、それを解消するための対応型対話、そし
て共創型の対話です。筆者は、協同・探究・共創を希求する学びにおい
て、重視すべきは共創型対話と考え、その必要を提唱しています。

　共創型対話の基本理念は、相互扶助・啓発を基調とする「多様性の容
認と尊重」にあります。価値観や文化的背景が違う人々と、心の襞まで
の共感や、完全な理解をすることは不可能であるかもしれません。しか
し、互いに、英知を出し合い語り合えば、むしろ異質なものの出合いに
よってこそ新たな世界が拓かれる、共創型対話はこうした考えに立って

います。紹介されている教育実践事例の基調は共創型対話の活用でした。

3．各章の概要

　各章の概要は以下の通りです。

○　心にひびく教育を（山﨑滋）

　学びの構造は、知識・体験・スキル、そして知的好奇心や吸収力、多様な視点などの人間性により構成されています。本事例集のチームリーダー山﨑さんは、教育の理論書を読破し、エジプト・ペルーで在外教育施設に勤務し、自身、さまざまな構想豊かな教育実践を創ってきました。教養と知性、そして多くの仲間に敬愛される人柄が、島根の地に豊潤な教育実践を生み出す土壌を形成させてきました。

　この章には、教師が現代的・伝統的知識を習得すること、さまざまな試行錯誤をする意味について、また様々な人々が集い、ぶつかり合い、論議し、混沌を恐れず、教育の高みを探究することの意義について記されています。

○　学びと人間形成（錦織明）

　錦織さんは、教職の概念を打破する実践者です。冒険心・知的探求心を旺盛にし、自然界の森羅万象を教材化し、多様な人と人とを結びつけ、日韓の古代交流史を絵本にし、韓国語で授業をし、宍道湖をカヌーで漕ぎ野鳥を観察するなどの活動を、教育の神髄を探究する実践に結びつけてきました。

　新たな時代の教育とは皮相的な用語の使用でなく、システム思考による視野の拡大、デザイン思考に、子ども主体の学び、さらに身体性の覚醒、立体的学びの展開などにより、子どもたちに問いを生起させ、探究

することにある。このことを錦織実践は、具体化したのです。

○　教師を育てる（山口修司）

　山口修司校長の学校の教師たちは、不思議なことに融和的・共創的な雰囲気の中で、次々と優れた授業者になっていきます。校長・教頭として赴任されていた4校の校内研修会に幾度となく参加させていただきました。若い先生がいつのまにか、従前の伝授型の授業を打破し、子どもたちが主体的に参加し、相互支援しつつ次々と課題を解決していく授業を企画・実践する協同の学びのつくり手に育っていきます。ベテランの先生が、自己の実践力をさらに高めてもいます。その秘訣は山口さんのパラグアイ、ケニアに勤務したことによる視野の広さ、いつも笑顔での対話が溢れる学校づくりの方針にあったのです。

○　学びを創る（荒川仁美）

　荒川実践には深さがあります。例えば、スピーチをさせても、単に話させるのではなく、そこに質問を加え、相互啓発で深まる工夫がしてあります。教室の掲示、机の配置、学習者へのコメントなど小さな事象への大きな意味が秘められています。徹底した教材開発、子どもたちを日々よき学習者として粘り強く育てていくことは荒川実践の特質です。開発してきた数々の実践知、また授業の瞬間瞬間への対応力に学ぶことにより、授業名人への道が開かれていきます。

○　リズム・身体性を育む（内田多恵子）

　内田さんが、ピアノを弾き始めると、子どもたちが楽しそうに、生き生きと身体表現していきます。まるで、ピアノの音色が子どもたちに身体の中にしみいっていくようです。次々と曲想が変わると子どもたちの

動きも変化します。個々の子どもたちが自分の感じたように動きつつ、集団としての不思議な一体感があるのです。

　個性の発揮と協同・調和、そして共創の空間形成、このピアノの演奏の根底には、内田さんの深い思想がありそうです。

○　感性を育てる（松岡祐子）

　30 年も前、小学校１年生の担任であった松岡さんの子どもたちがのびやかに活動する授業を参観し、教育実践でもっとも大切なのは、教師の人間性と気づきました。その松岡さんが校長となりました。その３年間毎年訪問し、松岡校長への教職員の方々のそこはかとない親和感・信頼感を感得してきました。感性豊かなこの学校の教育実践は、教師としての専門的技量に加え、眼にはみえない、他者への思いやり、感ずる心、よりそい響く精神、直感力、志、信念などの総体である霊的（不可視的）側面、それらが、子供たちを包み込み、伸びやかに成長していく授業を展開させていたのです。

○　新たなる境地へ向けて（山﨑滋）

　心優しくしてしかも、野心的な教師集団のルーツは森泰先生です。森先生の教育者としての歩みは、山碕滋著『百見は一験に如かず　―共存から共生へ―人の教育実践者を追って―』（三恵社）に詳記されています。

　本章では、そのいわば教え子たちの「教育実践の高みを追い求めた」成長の記録でもあります。

　「教育実践とは何か」との問いに正解などありません。できことは現時点の到達点を実践に結びつけ、実施し、その省察のから生起する課題に果敢に挑戦することです。

　山﨑さんは、これまでを集約し、その成果を記録した先に、ひとすじ

見えてきた新たな境地について記しています。

▌4．教育実践研究の意義

　教育実践を事実としての学び手の成長に結びつける、その要諦は教師の志と地道な実践研究にあります。実践者教師たちが、新たな時代の教育実践創造への志をもち、さまざまな分野の先駆的な研究に関心をもち、文献を読み、自身が心を揺るがす体験をし、多様な人々と真摯な対話をするとき、視野が広まり、思索が深まります。そうした知的冒険心により得た知見を「荒ぶる魂を」奮い立たせ、教育実践に結びつけたとき、新たな学びの地平が拓かれていくのです。

　筆者が、教育における実践研究の重要性に確信を与えられた、先達の言説を記しておきます。17世紀の儒学者伊藤仁斎は、真理は日常生活の中にこそあるとし。「身近であるからこそ内容があるのだ、高遠ならば、必ず内容がなくなる。だから学問は卑近であることを嫌ってはならない」と記しています。（『童子問』、巻きの上、第24章）

　『善の研究』で知られる西田幾多郎は、難解な哲学用語ばかりでなく、親しみやすく、わかりやすい言葉を残しています。

・我々の最も平凡な日常の生活が何であるかを、最も深く掴むことによって、最も深い哲学がうまれるのである。

・哲学の動機は「驚き」ではなくして、深い人生の悲哀でなければならない。

　伊藤や西田の言説に、教育実践者のひとりとして何度も深く頷きました。学びの場における、日常のささいな行為・変化に大きな意味を見いだす教育実践研究を推進することへの励ましを受けた思いでした。

　歴史研究家勝山元照氏は、筆者を「在野の哲学者」と呼んでくれます。

いささか気恥ずかしさは感じつつ、この呼称に自分のこれまでの教育探究者としての歩みを明示された思いがしています。

教育における「在野の哲学者」への歩み、それは、教育実践を探究し、集積し、分析し、整理・系統化した日々の連続でした。その成果から、筆者なりの実践から生起する理論を創出させることができました。島根で出あった、まさに真の意味で先駆性に富んだ教師仲間と交流の日々が、筆者の知的世界を拓いていく基盤になったと感謝しています。

30余年の出あいの中で、島根の野性的であり、しかも優しさにみちた教師仲間たちと「心にひびく教育実践とは何か」、を問い続けてきました。やがて、それは「人間の成長における教育の役割とは何か」という、根源的な深い問いに向かってゆきました。しかしそのような根源的な問いに正解などあろうはずもありません。終わりなき対話を継続していくことしかできないのかもしれません。

どうぞ、じっくりと、最後までお読みください。決して華やかでない、流行を追う煌びやかでない、ときには泥臭く、地道な教育実践の紹介の記述から、小さな、しかし光り輝く教育における実践の智の結晶を見出していただけると確信します。

（多田 孝志）

特別寄稿　発刊を祝して

　いつごろからだったでしょうか。山﨑先生から聞いていた「心にひびく教育を求めて」（多田孝志先生と島根の教師30年）の発刊、本当におめでとうございます。

　いまさら言うわけではありませんが多田先生、いや、多田教授は、まさに日本を代表する実践教育学者です。縁あって島根には30年間にわたって毎年、お出かけ頂きました。80才の老人にとってもう学校は遠い昔の出来事。晩酌一筋の老人にとって難しい理論は何にもわかりませんが、多分、多田先生の指導の根底には「明日の世界に生きる子どもたちにとって身に付けるべき資質って何ですか？」「教師は日々の学習の積み重ねの中でその資質をどう育んでいくのですか？」と言っておられるような気がします。

　今回、発刊された5人の先生たちの実践は、多田先生による対話学習理論を学んだ方です。個性豊か、自己主張の強い5人の先生への趣旨説明と執筆依頼、原稿のとりまとめ等々、山﨑先生は大変だったことと思います。本当にご苦労様でした。

　多田先生の言葉の繰り返しになるかも知れませんが、5人の先生について一言、晩酌老人の感想です。

　錦織先生の実践はもう言うことがありません。発想力、企画力、実行力、指導力、調整力、深い識見と夢に向かってのあくなき挑戦！　教職退職後に就任された「出雲かんべの里」は運営順調、1週間で1か月の仕事、もう仕事か趣味かわからない、松江の名所。こんな人物を生んだ島根を誇りに思います。

山口先生は教職員を大切にする人。職員室の担任と言われる教頭先生は勿論、研究主任等のミドルリーダーに取り組みの具体策を任せて職員のやる気、責任感を育てる手腕はなかなかのものです。多田先生の指導を一番多く受け、また研修に参加した努力家。パラグアイ・アスンシオンと、ケニア・ナイロビ日本人学校の2つの海外日本人学校を経験、苦労を通して視野の広い、部下の思いを大切にする管理職に成長、最後のお勤めの古江小の研究大会は盛会でしたね。

　荒川先生も老人のかつての同僚、教材の発掘・選定に関する彼女のアンテナの鋭さとその確認の迅速さは驚き。彼女の頭の中には学習の流れと子どもたち個々の活躍場面が浮かんでいます。意欲を喚起する教材の物語性の工夫と学習全体のグランドデザインができる人です。

　内田さんは松江市の本庄町にお住まいの方。学校の外部講師ですが、音楽指導以上に子どもが好きで、お酒も好き、明るく、快活、積極的、楽しくどっぷり子どもと活動できる人、一人一人の子どもの性格もしっかり把握、子どもの感性を大切にする音楽指導者です

　松岡さんは穏やかな人柄。老人も山﨑先生に誘われて、多田先生がご指導されていた稗原小学校に何度か訪問。先生方、同じ建物の中にあるコミュニティセンターの館長さん、幼稚園の先生方とも誰にも温かく接する校長先生。夜、勤務時間終了と同時に職員の皆さんと、学習指導案の審議等のために、はるばる松江市まで何回もお出かけになりました。

　教員最後の年、多田先生に「退職後はどうするの？」と聞かれて「教員として指導したい！」多田先生曰く「松岡さんらしい選択だね」と言われ、多田先生とのご縁を生かし1実践者として再任用、現在、出雲市の小学校で勤務中とのことです。

　この発刊の趣旨は真面目でひたむき、でも泥くさくてもいぶし銀のような光を放つ島根の教師の実践を愛する多田先生のアドバイスから生

まれたものかも？多分、多田先生のアドバイスがなければこのような企画は実現しなかったと思います。

　本書が島根の教師の取り組みのひとつとして残ると共に明日の世界に生きる子どもたちの教育はどうあるべきか、日本の教育の今後を示唆する手がかりとして日々、教育現場で活躍しておられる先生たちに参考として頂ければ嬉しいな、発刊、本当にご苦労様でした。

まつえ市民大学運営協議会長

元松江市城西公民館長

森　泰

序章
多田先生との出会いから 30 年の歴史を経て

　本著の執筆者に代表される島根県の実践研究者たちの 30 年にわたる教育実践研究の歩みは、多田孝志先生との交流の歴史でもある。これまでの経緯の概観をまとめてみる。

1．体験学習は遊びか（地方紙のコラムより）

　体験学習や総合的な学習の時間について、ある地方紙のコラム欄に 20 年～30 年くらい前のことを振り返りながら、以下のような興味深い記事が掲載された。その内容は当時のことだけでなく、現代の学校教育の課題をとらえており、未だに私の脳裏をとらえて離れない。

　『学校週 5 日制が初めて実施されたのが、30 年前の昨日(2022,9.12)のこと。やがて学習内容の 3 割カットや総合学習といった「ゆとり教育が本格化」、当時義務教育を受けた「ゆとり世代」は「学力が低いと色眼鏡で見られ、迷惑しただろう。

　約 20 年前、開始間もない総合学習をよく取材したが、児童が川や水田で何かをする様子は遊びに見えた。自ら課題を考え解決する力を養うという理念や、一つのテーマを算数など各教科から多角的にとらえると言う狙いを説明されても腑に落ちなかった。

　ただ自らの娯楽(囲碁)に置き換えると理解出来た。勝負の極意を学ぼうと孫子や宮本武蔵の五輪書など大量の思想書を読み、上達につながりそうな習い事は何でもやった。諸学が連動し輪となる感覚があった。

　明治期の知識人はスパルタ的に学んだ人が多いが、総合学習のような

雰囲気もあった。共に島根県津和野町出身の啓蒙思想家・西周と文豪森鴎外は和、漢、洋の知識を修め、哲学でも医学でも「何でも来い」と言わんばかりだった。学域の壁が低く自由に思索した。

　ゆとり世代は上が30代中盤になったが、あの教育の是非は判断が難しい。子どもや若者の数が多く厳しく選別された過去と、少子化で競争どころでない現代との間には、ふさわしかったのかも知れない。』
(2022.9.13付け山陰中央新報紙「明窓」より)

　コラムからは、「ゆとり世代が行った総合的な学習や、その中で頻繁に行われた体験学習に時間を割くことで、教室で行う授業が削減されているが、それは子どもたちにとって良かったのか、必要な知識が得られるのか。自ら課題を解決する力を養うことが出来るのかと自問自答し、読者にも再考を求めている。

　他にも30代になったゆとり世代が、体験学習を重ねることでどんな学びをしたのか、それで良かったのかと問いかけている。あるいは、同郷である島根出身の賢人の生き方など、学びと関わる面白い内容が含まれていたので列挙したが、これについて考えるのは別の機会に譲ることにしたい。

　平成14年の完全学校週五日制実施の下で、当時各学校では、「ゆとりの中で特色ある教育」を実施するよう求められた。マスメディアは、これを「ゆとり教育」と呼び、その中で教育を受けた子どもたちを「ゆとり世代」と位置付けて、様々な教育活動について報道した。ゆとり教育では授業時数の大幅削減と共に、総合的な学習の導入による体験学習など、教室の外に出て自然の中で活動する機会が増えた。当時、本コラムを執筆された記者の方の目に映った野外での活動は遊びに見え、その体験活動が自ら課題を解決する力を養い、一つのテーマを算数など各教科から多角的にとらえると言われても、納得いかなかったと記してある。

　新聞が地方紙なので読者数は限定されるが、このコラムをお読みにな
り、「自分も同感だ」と共感された方も、かなりおられたのではないかと
思う。体験活動自体はそれぞれ意味があり、貴重な活動であるが、授業
時数を大幅に削減し、さらに水田や川で遊んでいるようにも見える活動
をしていて、「日本の教育はこれで大丈夫だろうか」とお考えになった
のではないかと推察できる。

　ここでは問題を二つに絞って考えてみたい。一つは問題提起の下にな
っている学力を、どのようにとらえるかという問題である。学力を知識
の量や、それをどのくらい理解したのかと言う視点でとらえ、川や田で
遊んでばかりいて、21 世紀の社会を生き抜くために必要な知識や能力
を、身につけることが出来るのか、そのことの是非を考える必要がある。
単純に言ってしまえば、学力を「知識の量」ととらえるかどうかである。
もしその様に考えているのであれば、この問題の解決に近づくことは難
しいと思う。学力については様々な考えがあり、もう一度問い直してみ
ることも、必要かもしれないが、ここはこの問題を考える重要なポイン
トである。

　もう一つの問題は、「一つのテーマを算数など各教科から多角的にと
らえる」という狙いを聞いても、それだけで一つのテーマを追求するの
に必要な学力を、育てることが出来るだろうかと言う疑問である。コラ
ムでも指摘されているが、一つのテーマを多くの角度から多角的に考え
ることは、学習を成立させるために重要な要素の一つである。そのこと
は多様な視点からテーマをとらえ、学習を成立させることと深い関係に
あるが、それだけで学習が成立する訳ではない。では、どのように考え
ればよいのであろうか。

　実際に授業を行うには、それを学ぶことが子どもたちにとってどんな
意味があるのか。子どもたちに知識を伝授することを大切にするのか、

それとも子ども同士が意見を出し合い、対話を重視した授業の過程を大事にするのか。授業を行う教師と子どもがどう関わるのか、授業を行う前提として、自由に話し合いができる学級づくりが出来ているのか、など多様な問題を含んでいる。

▌2．教育現場での苦悩

　本著では、この後第1章から第5章にわたり、各著者が私たちの指導者である多田孝志先生の指導を受けながら、相互に授業研究を重ねたり、日頃から研究テーマとしてこうした問題を取り上げたりしている様子を紹介している。具体的にはその中で提起することとし、そこでいっしょに考えていただければと思う。

　今、新しい教育課題や時間外勤務、教師不足など、次から次へと新しい問題が生じている学校現場では、教師たちは、この問題をどのようにとらえているのであろうか。ある小学校の教師から次のような話を聞いた。「職員会議で校長から、自ら課題を考え、主体的、対話的で深い学びをさせるよう指示があった。校長の話は大筋では理解できるが、具体的には分かりにくい。自分としては出来るだけ子どもの考えを大切にし、授業の中で子どもたちの意見を大切に扱っているが、主体的、対話的で深い学びと並びたてられては、返事の仕様に困った。」と言った内容である。

　具体的な場面を設定して、授業中にどんな発問をするのかと、考えることは難しいだろうが、授業を行っている現場教師の受け止め方は複雑だ。実数ではないのだが、仮に前出の教師に行ったように「自ら課題を設定し、主体的、対話的で………」と質問をされたら、どれくらいの教師が「私も、主体的、対話的で深い学びをすすめています。」と答えること

が出来るのだろうか。質問に答えた何人かの教師たちにとっても、実のところどうすれば良いかわからないと言う人が多いのが実態のようだ。

　society5.0 を生きる子どもたちへの対応、全教科でのプログラミング学習や、ICT、ＡＩなどの新しいツールを活用した教育が増えている。さらに小学校では英会話力の育成を目指した英語教育や、道徳教育での思考の在り方、高学年での教科担任制等々やることが多くて、「主体的、対話的で、深い学び」についての研究的な取り組みなど難しそうだ。

　教師の中からは、全国学力テストの結果を踏まえ、他県や他校と比較しながら、その結果への対応も求められ、「それでは我々はどうすれば良いの」との声も聞こえて来そうだ。実際の授業では、教師から提示された学習課題について、正解を求めて子どもたちなりに考え、話し合うような問題解決型の授業を行ったが、結果として、主体的でも対話的でも、深くもない、何もない中途半端な学習となってしまったとの反省を聞く。従来と変わらず知識・理解の視点、学問の系統性の視点を重視した知識注入型の授業を繰り返した授業を進めた。主体的、対話的で深い学びを行うと言いながら、結局、何も変わっていない。このような実態を聞くと、新聞のコラムで指摘されたように、腑に落ちないまま同じことをくり返していると感じざるをえない。

　現場の教師から戸惑いが聞こえてくることは事実だが、だからこそ今この機会に、授業の在り方について考えを整理しなおしておきたいものだと思う。子どもたちの思いを重視し、体験活動をすることで、今まで気づかなかった子どもの思いに改めて目を向け、文章や発表で学習を深め、対話力でそれを高めている学習は、島根県内でも相当数行われているが、どこまで対話が行われ、深い学びとなっているかは、残念ながら十分把握できているとは言えない。

　なお、学習論について書かれた多田理論で重視しているものの一つに、

共創型対話の活用がある。本書で紹介する事例も、対話力について多田理論から指導を受け、あるいは、そこから工夫を凝らしている事例が多い。共創型の対話を重視した対話型学習については,本書での事例や研究成果の発表を参考にしていただきたい。

▎3．多田孝志先生との30年間

　多田孝志先生（現金沢学院大学教授）と、初めてお会いしたのは、1994年8月中旬、真夏の暑い日の午後だった。会場には、当日の日程に合わせ、和田さん、家島さんの二人が広島まで迎えに出かけ、お連れした多田先生の姿があった。これが私たち島根の教師グループが、当時目白学園中・高等部教諭だった多田先生と、初めてお会いした時だ。この出会いから初めて毎年30年間、一年も休むことなく島根へお出かけいただき、講演や授業研究を中心に、指導・助言をいただいている。東京と島根は約八百キロメーター、松江を中心とした島根へ30年で数十回以上お出かけいただき、質の高いご指導をしていただいている。こんな関係が続いているつながりは、私の知る限り他にはない。

　一度くらい来られない年はなかったかと考えて見るが、それはない。そして、この時このような関係が30年も続くとは、誰が考えただろうか‥‥‥‥

　30年前に多田先生を研究大会の講演講師として、島根にお呼びした島根県国際理解教育研究会は、その数年前に、島根から日本人学校へ出かけて帰国した教師で組織した、帰国教師の会からスタートした。全国組織の動きに合わせて、海外子女教育研究会へと名称を変え、さらに国際理解教育研究会へと改称し活動していた。この組織はその後、愛称として「地球時代の学び実践研究会」へと、補助的な名称を付け加え、現

在も研究を進めている民間教育研究団体である。

　同研究会は当初数年、一献傾けながら、現地での思い出を語り合う同窓会のような会であった。しかし、これでは集る意味がないと考え、在外から帰国した教員に帰国報告として、現地での生活だけでなく教育事情についての報告をさせ、海外での現地校や日本人学校の教育について語り合う会へと発展させた。この時の中心人物が、森泰さんであるが、森さんの中では既に外国のことについて学ぶ研究会より脱したいという考えがあった。

　当の森さんは、島根県国際理解教育研究会で活動する傍ら、松江市立津田小学校に在籍していた中堅・若手教員に声をかけ、「からむし会」という名称の民間教育団体を形成し、活動を始めていた。これには、本著で第 1 章を執筆している錦織明さんや、並外れた企画力や行動力を持っていた故奥原省一郎さんも参加していた。からむし会は体験学習が、子どもたちの学ぶ意欲や学習の深さを高めると考え、社会科の学習で発した子どもたちの素朴な疑問を大切にした体験学習や、子どもたちが意欲をもって取り組みそうな教育資源の発掘に努め、主として放課後や休日を使って活動した。からむし会の活動は、仕事でありそうで、仕事ではない。無報酬で、唯一の楽しみは子どもたちの成長する姿を実感できることだった。この考え方をメンバーの数名が、共存している海外子女教育研究会に広げようとした。その中心にいたのが森さんだ。

　外国の教育事情についての研究を進めていた海外子女教育研究会では、最終的に会員の意見が分かれた。一方で、そのまま在外教育施設や外国事情の研究を続ければ良いという会員と、このままではこの研究組織は発展性がない。むしろこれからの日本の教育の在り方について考える必要があると考えた会員だ。その当時、経済活動や人の交流で、急速な国際化が進み、日本全体として国際理解教育を進める必要に迫られて

いた。そのためには我が島根でも海外子女教育ではなく、国際理解教育について研究をすることが必要だと言う考え方だ。動きが遅い島根で、国際理解教育研究の必要性に気づき、真っ先に動き出したのが森グループで、在外教育施設からの帰国教員だけに眼を向け、狭い視野で活動していた入会規定を撤廃し、誰でも入会できるようにした。

　多田孝志先生と島根の心ある教師のつながりには、布石として日本の教育のあり方について考え、実践してきた二つの民間教育団体「からむし会」と「島根県国際理解研究会」（森グループ）の存在があった。

　多田先生の講演会はその意味でも有意義なターニングポイントであった。既に会員であった山口さんに加え、錦織さん荒川さんなど、海外在住経験のない有能で気力のある教員が次から次へと入会し、後年には、本書の著者でもある松岡さんや、内田さんも加わっている。地球市民育成を目指した無報酬で不休の民間団体として、国際理解教育を中心に研究を進めたが、新しい時代の学びの在り方について、地球市民の育成と言う視点を加えていた。

　ここで一つ重要なポイントに気づかなければならない。それは「国際化が進んでいるので、それに遅れないように他国や異文化について学ぶ」のではなく、「民族や文化の違いを乗り越えて、相互に信頼出来る社会を築くために、何をするのか」が重要だ。SDGsの課題は国を超えて解決に向かわなければならないが、それは国際化の問題と言うより、地球全体の問題として考えなければ解決できない問題ばかりである。

　人と人との出会いには偶然と必然がある。私たちと多田先生の出会いは偶然ではあったったが、目指すものが共通していたため、偶然ではなく必然の出会いになった。だからこそ、そのつながりは30年間も続いているのだと思う。驚くべきことではないが、このような多田先生を中心としたつながりは島根だけでなく、全国各地で起こっていることであ

る。全国の仲間とは、今後とも多田グループとして、共に発展したいものだと考えている。

4．なぜ多田先生なのか？

　多田孝志先生は、現在金沢学院大学教授、様々なご苦労をなさりながら東京都の小学校教員、クウエート日本人学校、ベロオリゾンテ補習授業校、バンクーバー高校（カナダ現地校）、目白学園中・高校教諭、目白大学教授を歴任、定年退職された後、現職に就任されている。文部省の諸会議の委員等多くの役職を兼任、ユネスコやユニセフなど国際機関の日本代表、関係する学会での役職、国際理解教育、対話論を中心に数十冊に及ぶ著書がある。正に日本の教育を動かすような存在であるが、多田先生と私たちはどこかで、つながる運命にあったのかも知れない。

　前述のとおり、島根県内で開かれた研修会の講師として、ご来県いただいた。その時以来、私たちは事実として子どもたちを育てる教育実践を目指し、多田先生のご指導とご助言を得ながら、約 30 年間に渡り実践と理論研究を積み重ねてきている。この間、多田先生の薫陶を受け、また多くの仲間から刺激を受け、実践・研究を続けている多田門下生は、県内各地にも多数いる。

　多田先生って本当に不思議なくらい、人を引き付ける力の持ち主である。一度でもその教育の核心に迫る講演を聴き、指導を受けた教師たちは、瞬く間にその虜になってしまう。なぜだろうか。日本の教育を牽引する大教育学者の一人だからであろうか。それとも私たちと同じ目線、謙虚な姿勢で研鑽を積み、全国の教師たちの一つ一つの

成長

より深い思考

素朴な実践を、大切にしている人だからであろうか。

　西に困った教師あれば行って授業創りの基礎から相談に乗り、東に実践の成果を上げた教師がいれば、出かけて共に喜び、それを全国に広げようと努力される。人と人とのつながりをとても大切にされている。多田先生の指導を受けて実践すると、学校が変わる。教師の実践が変わる。そして何より子どもたちが変わると確信をもって言える。

　最近、地方では、「ふるさと教育」と言う言葉が良く使われる。私が住む島根でも、地域に残された文化や歴史、伝統産業、自然などと親しませる学びが各地で行われている。多くの場合、地域の人たちが協力し、地域の文化を残し、ふるさとの活性化に生かそうと努力している。関東地区への一極集中の傾向に対する思いもあり、「地域と共に」とか「地域の伝統を生かす」取組みは、学校でも地域社会でも積極的に歓迎されている。

　本著で紹介されている取り組みも、子どもたちが地域の人たちとともに活動する姿が多い。地球市民意識とは、国と国の壁をなくし、あるいは低くして活動することである。地域の人たちは、隣の学校であったり、隣の国の学校であったりすることもある。地域の人たちと共に暮らす人々を目指すことでもある。

　地域と共に学ぶ取り組みは、様々な学校、地域で行われている。教材として地域人材を学校にお呼びしたり、逆に地域に出かけたりする取り組みに留まらず、教材つくりや子どもたちの対話に地域の人たちが加わったり、歴史的な事実の検証を、いっしょに行ったりする取り組みもある。

　多田先生が杞憂されるように、「主体的、対話的で深い学び」を見せかけのものでは無く、本当に深い学びとするため、必要な要件を長年に渡る実践と理論の繰り返しから示された。実践現場では、それを自分たち

にふさわしい形に再掲載したり、自らの学校の実態に合わせたものに取り入れたりしながら行った取り組み事例を紹介している。

　多田先生の対話論は、本当に親切・ていねいであるが、実態や方法を実践現場に投げ出したようなものでは無い。事例をもとに教師が工夫できるように考慮されている。聴く、話す、対話するスキル育成の学習もその一つであり、温かい雰囲気の学級づくりと共に、様々なスキル学習の事例が考慮され、現場の事例がまた、授業に反映されている。

　さらに対話は、すべての子どもたちが自分の考えをもち、それを自らの意見として発言することで意味がある。合意形成のための対話もあるが、全員が自分の意見を持つための対話が行われることで、対話による学びの本領が発揮されることになる。そのために教師は子どもたちにどんなことを話しかけ、どんなことを引き出すのか。執筆者 5 名の意見に耳を貸せてください。

　私たちが今、このタイミングで過去に行った授業、研究を、掘り起し、紹介することは、決して過去を振り返り、懐かしむためではない。子どもたちが生きるこれからの社会で、役立って欲しいものだと祈っている次第である。多田先生への感謝の意味を込め、共に歩んだ島根の教育実践・研究のまとめをしておくべきだと考え、本著発刊を思いついた。そこで本著の著者だけでなく、これまで多田先生と共に歩み続けて来た皆さんと共に、実践を振り返り、これからの教育への展望を開きたいと考える。この事業(著書発行)は、多田理論とその影響を受けた人たちの実践・研究をつなぎ、実践を深めるだけでなく、特に若い教師への普及、啓発に心を砕かなければならないと考えている。

（山﨑　滋）

第1章
学びと人間形成

1．はじめに

　「へき地教育は教育の原点」と言われてきました。確かに豊かな自然の中で、温かい地域の人たちの中で子どもたちはのびのびと生活をし、すばらしい教育がなされてきたと思います。しかし、高田小学校が全国へき地教育研究大会会場校となったとき、それまでのへき地教育について疑問を抱きました。これまでの全国大会のテーマが「ふるさとを愛する子の育成」または「少人数の特性を生かした教育」のどちらかであったからです。もちろんこの二つのテーマはへき地教育において重要です。しかし、多田孝志先生や佐藤学先生から指導を受け、これからのグローバル社会に生きる子どもたちには、へき地というすばらしい教育環境を生かすとともに、多様な価値観を認め合い、対話できる子どもを育てていくことが重要だと思いました。むしろへき地に暮らす子どもであるからこそ、ふるさとのすばらしさを誇りにしながら他地域、そして世界中の人とつながりをもった教育をすべきだと思ったのです。

　高田小学校で、教職員に話したとき、「去年、高田小学校に来た外国人は仁多中学校のＡＬＴが一度だけです。それなのになぜ国際理解教育ですか」という反応でした。そこで、私は「だからこそ国際理解教育に取り組むべきだ。国際理解教育は外国人と交流することだけが目的ではない。多様な価値観を認め合い、本当の価値を考え行動できる子どもを育てることが大切なんだ。」と話しました。

　それから、教職員も子どもたちも変わりました。それまでの子どもた

ちは、炭焼きをしてできた炭を使ってバーベキューのお楽しみ会をしていました。しかしそれからは、自分たちで焼いた炭を売って、そのお金をマラウイの子どもたちのワクチン購入費用としておくるようになったのです。村祭りのおみこしは青の大玉に画用紙の大陸を貼って地球をつくり、そこに募金箱をぶら下げて村中を回りました。炭焼きはなんのためにするのか、おみこしはだれのためにするのか　教員も子どもも考えるようになったのです。

　第2節では、高田小学校の取り組みを軸にしながら、島根県国際理解研究会の実践も交え、私たちの研究の足跡とそこから学んだことを記したいと思います。また、私が城北小学校や退職後に取り組んだ学校図書館に関わることや現在も勤務する「出雲かんべの里」（体験型社会教育施設）のことも紹介します。なぜなら、高田小学校の実践は高田小学校だけのものではなく、研究会の仲間たちをはじめとする多くの先生方との共同研究において進められものであり、また学校図書館や出雲かんべの里の取り組みも高田小学校の活動から生まれたものであるからです。

2．山の子の国際化

（1）ブリさんの手はあたたかい

　へき地という地域性は、豊かな自然と温かい人間関係に包まれた教育の桃源郷です。このことがへき地教育こそ教育の原点と言われるゆえんでもあります。それはそうですが、21世紀を生きる子どもたちは国際化・情報化の波をもろに受けるのです。子どもたちはへき地という小さな世界の中で生きていくのではありません。好むと好まざるとにかかわらず他地域や外国との関わりの中で生きていかなければならないので

す。そうだとすれば、多様な文化や価値観にふれ、お互いの違いを認め合いながら共に生きていくことのできる資質、いわゆるグローバルマインドが必要ではないかと考えたのです。確かにへき地においては華やかな国際交流イベントをするのはむずかしいのですが、子どもの中に豊かな国際感覚を身につけさせることは十分できるのではないかと考えました。こうして山の子の国際化の取り組みは始まりました。

　ところが、「へき地校でも国際理解教育はできる」という仮説はたてたものの当初は不安の連続でした。高田小学校に外国の人が来られたというのは、仁多中学校のＡＬＴの先生が来られたことが過去に一度あっただけ。外国の人に出会うことが極端に少ない高田小学校の子どもたちがはたして外国の人と仲良くなってくれるだろうか。怖じ気づいて尻込みするのではないだろうか・・・

　この不安は、体が大きくて全身真っ黒なアフリカの留学生ブリさんが来られた時に頂点に達していました。ところが、それは全くの杞憂でした。子どもたちはブリさんと握手し背中に飛びついたのです。「ブリさんの手って大きくてあたたかいね。」これが子どもたちの感想でした。うれしい誤算です。子どもたちはどこの国の人でもすぐに仲良くなりました。

　この誤算について、帝塚山学院大学の米田伸次先生が本庄小学校で話されたことではっと気づかされたことがあります。先生は「へき地の子どもたちは地域の温かい人間関係の中で育っている。だから都会の子どもよりも見知らぬ人と仲良くなるのに抵抗がない。」と言われたのです。

　高田小学校校区の人はだれでも子どもたちの顔を知っていて声をかけてくださる。それは人間と人間の付き合いの原点だと言えるのですが、現代の都会では、人とすれ違っても声をかけることはまずありません。高田の子どもたちには幼い頃から培われてきた温かい対人感覚があり、

外国の人と出会った時にもなんのこだわりも
なく仲良くなれるのでしょう。

ブリさんと餅つきをする子

　ブリさんが高田小学校に来たとき、面白い
ことに気がつきました。高学年の子は「Nice to
meet you.」と覚えたての英語であいさつをし
ますが、その先がなかなか進まないのです。言
葉で何かを伝えようとするのでしょう。とこ
ろが、そのすきに低学年の子がブリさんの手
を引いて、ブランコをしに行ってしまいました。人と人が仲良くなるの
に言葉は絶対条件ではないのです。仲良くなりたい、伝えたいという気
持ちを行動で示すこと、それがコミュニケーションの第一歩だと思いま
す。言葉は二歩目からで十分間に合います。

（２）山の子だからできるすてきな国際交流
　もう一つの不安は外国の人たちがこの山の中の学校にまで来てくだ
さるだろうかということでした。私は高田小学校に来られる外国の方に
よく次の質問をしました。「あなたは都会が好きですか？それとも田舎
が好きですか？」と。この質問にはだれも口をそろえてが「田舎がいい」
といいます。考えてみればそれは当然のことでしょう。日本に来る交流
員や留学生の人達は日本らしさにふれることを
求めているのに、都会にはもはや日本らしさを
見出すことは困難になっているからです。

ロシア人ニコライさんと

　ところが、高田にはまだまだ日本らしさがた
くさん残っています。子どもたちが取り組んで
いる伝統芸能「田植え囃子」「炭焼き」「学びの
森での遊び」「もちつき」などは外国の人にとっ

て興味の尽きないものです。このことは、子
どもたちが自分たちのふるさとを見つめ直
すことにも役立っています。

大東文化大学の学生さんと

　さらに、へき地における国際理解教育を進
めるのに格好のすぐれものが登場しました。
インターネットです。インターネットは距離
的なハンディをなくし、高田小学校を全国へ、そして世界へと繋いでく
れました。

　子どもたちは、インターネットを使って他地域の子どもたちと語り合
い、自分たちの取り組みをホームページに載せて発信するようになりま
した。インターネット上では、へき地という言葉はもはやナンセンスと
言っていいでしょう。

（3）ジョン・デューイに学ぶ　―その1―

　次に、少し寄り道になるかもしれませんが、私の座右の書「学校と社
会」を紹介します。この本は私の 40 年近くの教員生活において、常に
傍らに置き、大きなものごとに取り組むとき必ず参考にしてきました。
高田小学校の学校構想図もこの本にある図を基に考えたものです。

　ジョン・デューイ著「学校と社会」（「The School and Society」John
Dewey 1915）に出会ったのは大学（広島大学）時代です。定価 350 円
の単行本が教員としての 40 年間、私にとっての羅針盤であり続けまし
た。ジョン・デューイについては大学の講義で初めて知りましたが、彼
の考え方に共鳴し、行き詰った時には常に読み返してきました。

　その最初は、津田小学校および法吉小学校の教諭時代です。津田小学
校のころ、森泰先生や山﨑滋先生たちと教材研究と研究授業に明け暮れ
ていました。そのころ、私たちは「20 坪からの脱出」を合言葉に、座学

ではなく体験を通して学ぶことを重視した授業実践に取り組んでいたのです。20坪とは社会から孤立した教室のことを意味しています。その考えをもとに全国社会科教育研究大会松江大会の授業者として森先生と共に公開授業を行いました。そして、大会後は「縄文時代の一日を再現する会」（からむし会）を結成して、竪穴式住居をつくり泊まり込み実験をしたり、隠岐の島から丸木舟で黒曜石を持ち帰り、実際に肉を切る実験をしたりしました。また、津田小学校から法吉小学校に転勤してからは、綿を栽培して機織りをしたり、蚕を飼ってその糸で絹織物を織ったり、砂鉄を取りに行ってたたら製鉄をしたりしました。デューイの基本的なスタンスである体験や、社会とのつながりを大切にした授業実践に熱中していました。

　二番目は、高田小学校の全国へき地教育研究大会会場校として国際理解教育に取り組んだ時です。へき地における特性、豊かな自然と温かい地域の人をまずは教育に生かすことを考え、高田小学校の学校教育構想図をデューイの構想図をもとに作成しました。デューイは言います。「子どもの立場から見て学校における大きな浪費は、子どもが学校のそとで得る経験を学校そのものの内部でじゅうぶんに、自由に利用することができないことから生じる。しかも他方において、子どもは学校で学んでいることがらを、日常の生活に応用することができないのである。これは学校の孤立―生活からの学校の孤立である。」

　第1図は、デューイの構想図です。この図では中央に図書室が位置づけてありますが、ここは子ど

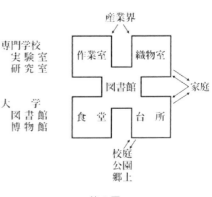

第1図

もたちが個々に経験したこと、疑問に思ったことを論議する場であり、また図書やインターネットによって思考を深めたり広げたりする場、教室です。

　しかし、従来の教室のイメージに加えて学習集団の討論だけでなく外部との対話によってさらに深化させることができる場と考えたいところです。デューイが「わけても他人の経験から来る新しい光、世界の叡智の集積 ― それは図書室に象徴されている」というようにより広い学びの世界を想定しています。ここでいう他者とは交流する他校のこどもであり、地域の人であり、そのことの専門家であり、外国の人でもありうるということです。このことについては後述の第3節「学校図書館と情報リテラシー」でもう一度触れたいと思います。

　こうした考えに基づいて構想した高田小学校の教育構想図が第2図です。ただ、第2図では、デューイの構想図と大きく違う点があります。デューイの『学校と社会』は1896年に開設された「シカゴ大学付属小学校」という実験室での教育実践から生まれたものであり、今から百年以上も前のことです。そのころの社会情勢と現代の社会情勢は大きく変化しているので、その点を考慮しなければなりません。デューイの構想は学校と社会の繋がりを重視しているですが、デューイのいう「社会」という言葉の定義は子どもの家庭であり、子どものくらす地域です。ところが、冒頭の「へき地教育の疑問点」でも述べたように現代の社会は、その地域だけで考えることはできないのです。「社会」という定義をもっと広げる必要があると考えたのです。

　第2図は、デューイの図を基に作成した高田小学校の学校教育構想図です。学校の周りの自然（「まなびの森」や「鍋坂山」）地域の仕事（炭焼きや稲作など）、地域の文化（伝統芸能「頭打ち」古墳・民話など）にふれあい、体験したものを学校に持ち寄り、さらに理解を深め友達とも

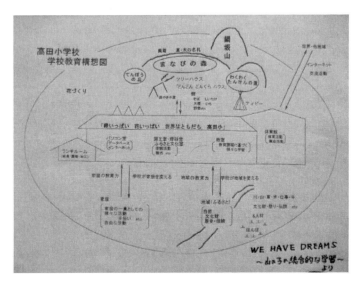

第2図

共有すること、それはデューイの構想と同じです。

　この図において特徴的なのは右上のインターネットおよび交流活動です。へき地教育は教育の原点ということは前述のとおりですが、それは豊かな自然と温かい地域の人に包まれた桃源郷における教育だということです。それではいわば温室の中で子どもを育てるようなものです。対話にしても自分の考えをきちんと説明できなくても周りの人たちが言いたいことを察してくれるのです。そこで、この温室の一角を開き高田にはない他地域や他国の人との出会いを意図的につくったのです。自分たちとは文化も価値観も生活環境も違う人たちにもしっかり自分の考えを伝えることができる子どもを育てるには地域社会を越える必要があると考えたのです。現代は交通の便もよくなりへき地といえども様々な人に来ていただくこともできます。また、インターネットやビデオレター等により、世界中の人とつながることもできるのです。

（3）マラウイとの交流

　ドラマは突然やってくるものです。そもそもアフリカにマラウイ共和国があることはだれも知りませんでした。ドラマは、高田小学校が全国へき地教育研究大会に向けて国際理解教育に取り組むことになり、5・6年を担任していた吉田光良先生が島根県国際センターに青年海外協力隊経験者の派遣を依頼したことに始まります。その時紹介していただいたのが小玉哲夫さんでした。小玉さんは1995年から2年間医療支援としてマラウイに派遣されていました。その小玉さんが高田小学校に来てマラウイのことを話されたことがきっかけで、子どもたちは大きく変わっていったのです。

　小玉さんは、マラウイの子どもはサッカーが好きであること、マラウイの平均寿命が45歳であることなどを話されました。長寿国日本の平均寿命が80歳を越えるというのに・・・マラリヤで亡くなる人が多いことも大きな要因だと話されたのです。そして「確かに貧しさや衛生上の問題は私たちの努力だけではなかなか解決できないのですが、でもマラリヤになった人を救うことは実はみんなにもできるのですよ。」と言われたのです。この言葉に子どもたちは目を丸くしました。自分たちがアフリカの人たちにできることがある、などとは考えてもみなかったことだったからです。小玉さんの話は、マラウイという国を理解させるものというより、子どもたちの心の中に共感を呼び寄せるものでした。

　それからの子どもたちの発想力と行動力はすばらしいものがありました。自分たちができることはなにか、それをクラスで話し合い、さまざまなアイディアを出し合い、実行に移していきました。まず、マラウイの現状を知ってもらうために劇化して全校生に募金を呼び掛けます。募金は現金だけでなく書き損じはがきや古切手、使用済みテレホンカードなども集めました。それから村祭りの日には青の大玉に画用紙の大陸

を貼って地球型みこしをつくり、そこに募金箱をぶら下げて村中を練り歩きました。さらに、子どもたちは学校の炭焼き窯で焼いた炭を売ることを考えたのです。今までは、できた炭でバーベキューのお楽しみ会をしていましたが、それよりマラウイの人たちを救うために売ったお金をワクチン代として送ることを選んだのでした。

学びの森の炭焼き小屋

地球型のおみこしにつけた
募金箱に募金する人

　子どもたちはビニル袋に150gずつ炭を入れ、島根県国際理解教育研究会の研修会『夢スピーチ博』で学校に来てくださった方に販売しました。マラウイの現状と活動の目的を参会者にしっかり話しましたが、購入するかどうかは自由であり、値段も買う人が決めることにしていました。そして、なんと2万2千円ものお金が集まったのです。この時、多田孝志先生や佐藤学先生にも子どもたちのスピーチを聞いていただき、炭を購入していただきました。スピーチが人の心をとらえるのは、苦労した体験や心からの思いを自分の言葉で語った時です。「伝えたい」「わかってほしい」そういうあふれる思いが言葉に力を与えると思うのです。
　こうして集まったお金はマラウイ協会を通してマラウイにワクチン代として送り続けました。

（4）学び合う子どもたち

　そうした取り組みの中で、子どもたちはあることを学びます。それは国際交流が一方的になっては本当の交流にはならないということです。特にマラウイと日本のように、物質的に貧しい国と豊かな国の場合、援助という名目のもと物資を送ることに満足してしまいがちだからです。

　それはマラウイ協会からの提案でした。マラウイに募金したお金を送ることはとてもすばらしいが、一方的な援助よりまずは交流をすることが大切ではないかとアドバイスを受けたのです。高田の子どもはマラウイの子どもを知らないし、マラウイの子も高田の子を知らないのに一方的にお金や物を届けるのは相手の気持ちをよく考えていないということにもなるかもしれない。そこで、マラウイ大使館を通じてマラウイの学校を紹介していただきました。それが「カチェレ・フル・プライマリースクール」です。

　ここで問題となったのが交流の手段でした。お互いの学校の様子はビデオレターにして届けることになったのですが、カチェレ小学校には電気もないのです。そこで青年海外協力隊の人に協力していただき、高田小学校で撮影したビデオをカチェレ小学校に持っていってもらってバッテリーで写し、またカチェレの子どもたちのメッセージを映してもらって高田小学校に届けてもらう、そんな方法で交流が始まりました。

　そして、届いたビデオを見て驚きました。その学校の授業風景が写されていましたが、教室には机も椅子もありません。子どもたちは土間に座って足をのばしたり、壁に寄りかかったりして授業を受けているのです。窓は一つ、電灯もないから教室の中は全体に薄暗い感じがします。子どもたちの表情も暗くてよく見えません。

　ところが、その子供たちが、授業後、校舎の外に出てきて、カメラに向かって日本語で叫ぶのです。「こんにちはー。たかたしょうがっこう

ー！」その表情が実に明るい。大きな目と白い歯がとってもきれいで、笑顔があふれる子どもたちばかりです。

　小玉さんも話していましたが、マラウイの子どもはサッカーが好きです。しかし、サッカーボールなどありません。シューズもなく裸足。それでもサッカーをするのです。ボールは古布を丸め、最後にビニルの袋に入れてしばって作ります。ゴールは木の枝でつくってありました。それは当たり前のことなのです。

　担任の先生が質問します。「あなたたちもサッカーが好きだけど、ボールがなかったらどうする？」「できません。」「マラウイの人は貧しいけど、子どもたちの顔は暗かったですか？」「とても明るくて驚きました。」「日本語でこんにちは、高田小学校と言ってくれてうれしかったです。」「あなたたちはお金や文房具を送るけど、マラウイの子どもからもらうものもたくさんあるよね。」「ボールがなくても工夫してサッカーしているし、元気で明るいです。」　物のあふれる日本の子どもと貧しい国の子どもが交流するとき、一番大切なことは、なにかをしてあげる、という意識をもたせないことだと思います。なぜなら日本が物質的に豊かなことは子どもたちが努力した結果ではないからです。豊かであることと貧しいことは人間の生き方、心のもち方に関係はありません。むしろ貧しい国の子どもに学ぶことが多いのです。

（5）ドラマは突然に

　こうして、マラウイとの交流が続いているうちに、電話が一本かかってきました。東京のマラウイ大使館からです。「大使が高田小学校の子どもたちに会いたいと言っていますが、行ってもいいですか？」という突然の話。まったくびっくり仰天です。私はすぐに山﨑滋先生に電話しました。すると先生は「一国の大使というのは県知事以上だよ。国際儀

礼のことをプロトコールと言うんだけど、それはマナー以上に大切なことで、へたをすると戦争になるよ。」と教えていただきました。（脅かされた）そこで国際センターにお願いし、専門の方にプロトコールを指導していただきました。国旗のかけ方、車に乗るときの席順など細かいことまで教えていただき、マラウイ国旗も借用しました。

　結局、大使はアフリカ会議の都合で来られなくなりましたが、ナンビンド一等書記官が来てくださいました。ナンビンド書記官は仁多町が用意した車で小玉さんと一緒に高田小学校に来られました。そして、全校生で歓迎会をしました。その時、ナンビンド書記官が一番感動されたことがあります。それは子どもたちがマラウイ国歌を歌った時です。通訳の方が私に耳元で「今、書記官は感動しておられます。」と教えてくれました。書記官を見ると真っ黒い大きな体が震えているようにも見えます。

　マラウイは多言語国家で多数の言語が話されています。英語も公用語となっていますが、国歌は現地語の中で一番多く話されているチェワ語が歌詞になっています。子どもたちはこのチェワ語の国歌を覚えて歌ったのです。ナンビンド書記官も子どもたちと一緒に歌われました。あとで聞いた話ですが、書記官は東京に来て一度もマラウイ国歌を聞かなかったし、歌わなかったそうです。まさか島根県の山奥の小学校でマラウイ国歌を聞くとは想像もしなかったということでした。

　その後、ナンビンド書記官が帰られてから大使館からお礼の電話があり、東京高輪にある大使館に高田小学校の修学旅行として来てほしいとのことでした。しかし、修学旅行としてはさすがに行くことはできず、マラウイとの交流に一番熱心だった久井君と吉田先生そして私も大使館を訪れ大使にもお会いすることができました。

　ナンビンド書記官は任期を終えアフリカに帰るときも３月の雪の降る中、高田小学校の子どもたちにお別れを言いに来てくれたのでした。

（6）響感する心

　マラウイとの交流を通して教師も子どもたちも大切なことを学びました。国際交流も、国際理解教育も、自分のため、相手のためだけにするのではありません。交流や授業によってお互いに学び合いそれぞれが成長するのです。それは、マラウイとの交流から生まれた一枚のパズルに象徴されているように思います。表はマラウイの子どもが描いたサイのいる風景、裏は日本の子どもが描いた高田小の風景。ピースをとるとマラウイと日本の国旗が握手している絵がでてきます。どちらか一方ではなく協創することの喜び、共に成長することの喜び、多田先生がいつも言われることを実感として学びました。多田先生は新書「見聞のまねび、耳見の学び」の中で「命と命の響感力」として「命と命は共感しながら存在している。響き合ってこそ、その明日はより調和の取れたものになる」ことを事実とする活動を日々継続していくことが大切だと述べておられます。

3．学校図書館と情報リテラシー

（1）ジョン・デューイに学ぶ　ーその2ー

　私が三番目に「学校と社会」を熟読したのは、定年前の松江市立城北小学校に勤務した時です。この時、学校の改築が計画され、新しい校舎の設計に携わったからです。そして、新しい城北小学校はデューイの考える「理想の学校」を基本として新校舎建築として具現化しようとしたものです。もちろん設計と言っても建築構想のことです。

◇行列のできる学校図書館

　この新校舎の一番の特徴は図書館およびコンピュータ室を学校の中

央にもってきたことです。まさにデューイの構想図と同じ発想です。

　城北小学校は、もともと図書館教育が盛んでした。毎朝、始業前にはたくさんの子どもが「本袋」を手に図書館に行き、読んだ本を返却し次に読む本を借りていました。カウンターの前には長い行列ができます。子どもたちは平然として本を見ながら順番を待っています。本の貸し出し数も市内で群を抜いていました。その様子を当時の溝口善兵衛島根県知事が視察に来られ驚かれたようでした。知事は私に、「今日はたくさんの子どもたちが図書館に来ていたが、これは私が来たからですか？」と問われました。私は「いえ。いつもこうです。明日来られてもまた同じ様子をご覧になれます。」と答えました。そんな図書館を私は「行列のできる学校図書館」と名付けていたのです。知事は「どうしたらこんなにたくさんの子どもたちが来るようになるのですか？」と尋ねられました。私は「いろいろな条件がありますが学校司書がいることが一番です。」と答えました。当時（平成20年）、学校図書館に司書がいる学校は少なかったのですが、城北小学校はパイロット事業として司書が配置になっていたのです。知事のこの視察がきっかけとなり、島根県では県が学校図書館の司書配置に助成金を出すことになりました。現在ではほぼすべての学校に司書が配置になっています。

◇図書館を学校の中心に

　知事には話しませんでしたが、司書の配置と同じくらい重要なのが図書館の位置です。デューイの図（第1図）をご覧ください。学校の中央に図書館があります。彼は子どもたちが生活の中で見たこと、聞いたこと、感じたこと、疑問に思ったことなどを調べたり、さらに知的な認識として獲得したりする場として図書館をとらえていたのです。

　従前、学校図書館は、物語などの本を借りて読む読書センターとして

の役割が主でした。しかし、これから到来する社会は「自ら学び自ら考える力」が要求されます。そのような時代においては「課題を見いだし解決する力」「知識・技能の更新のための生涯にわたる学習」「他者や社会、自然や環境とともに生きること」など、変化に対応するための能力が求められます。そして、学校図書館にはそうした生きる力や活用力の基盤となる「情報リテラシー」を身につけさせるための「学習情報センター」としての役割が今まで以上に重要になると考えられます。

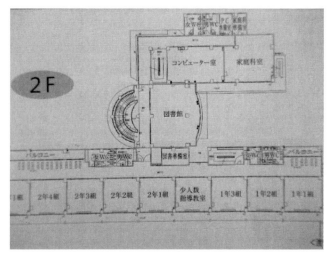

第3図

　デューイの構想図でもわかるように、学校図書館は学校の中心になければなりません。第3図をご覧ください。新しい城北小学校の校舎案内図(中心部の2階)です。図書館が中央にありますが、その下(1階)は昇降口です。子どもたちは、登校すると昇降口から入り、図書館後ろ側の螺旋階段を上って、必ず図書館の前を通って教室に行くようになっています。下校時も図書館の前を通ります。図書館だけではありません。コ

ンピュータ室も図書館と連動しており（広い扉を開けると自由に行き来できる）、図書やコンピュータを駆使して自分の学びを進めることができます。図書館には1クラスの子どもが入って、そこで授業をすることもできます。図書館内部にも様々な工夫が施されています。窓に沿った書架は湾曲していて全体が見通せます。本が子どもたちを呼んでいるような雰囲気です。授業ができるスペースの周りには、分類でいえば3類（社会科学）と4類（自然科学）の本を中心に配架されていて子どもたちの調べ学習がやりやすいようになっています。そして、司書教諭が中心となって作成した学校図書館全体計画に基づき、学年に応じた情報リテラシーの育成を行っていて、図書館の使い方、分類などの基本はもとより、引用（著作権）、OPACによる蔵書検索、インターネット検索などかなり高度な利用方法も学んでいます。

◇読書センター・情報センターとしての学校図書館

　城北小学校では毎週火曜日の朝が読み聞かせ「ファンファンタイム」となっていて、先生や地域の方が読み聞かせをしています。私もその一員として読み聞かせをしていましたが、薪ストーブの前で読むことが夢でした。そこで、教育委員会にお願いして図書館にペレットストーブを入れてもらい、その前で本を読んだりお話をしたりしていました。これは子どもたちが大変喜びました。こうした豊かな心を育てる読書センターとしての役割と確かな学びを支援する情報センターとしての役割との両方を兼ね備えた学校図書館が求められているのです。

　もちろんデューイのころと現在は情報を得る手段も多様化し、また便利にもなっています。必要な本が学校図書館にない場合は公共図書館から送ってもらうこともできます。しかし、図書館のあり方の基本はデューイから学ぶことができます。私が学生時代に購入した「学校と社会」

の単行本は黄ばみ、ページがばらばらになりそうですが、私にとってかけがえのない本です。

　余談になりますが、私は退職後学校図書館の司書になりたいと思いました。そして、横浜でアパートを借り、鶴見大学で2か月間集中講義を受け司書の資格を取得しました。ところが、松江に帰ったら教育長から松江市学校図書館支援センターの講師に任命され、3年近く市立小中学校の図書館教育に関わってきました。東京大学佐藤学先生を招いて講演会も開催しました。その後、いろいろな事情により現在の「出雲かんべの里」に勤務しています。

（2）はじめに子どもありき

　授業を組み立てるとき、教材と子どもをどう結び付けるかは大きな課題です。人間が学んだり、成長したりするのは最終的には個ですが、授業は個人的な教授ではなく数十名のクラスの子どもたちを対象に行われます。「はじめに子どもありき」という考え方は、子ども一人一人の関心や疑問に基づくものですから、子どもが意欲的に学ぶ点では最良の方法でしょう。しかし、クラスにはたくさんの子どもがいて、さらに教師には教えたい内容があるわけですからことは簡単ではないのです。

　今、多くの学校の夏休みの宿題に「自由研究」というのがあります。実はこの「自由研究」、戦後間もないころの学校教育では教科「個人の興味と能力に応じた自由な学習」として存在していました。この自由な学習は民主的な考え・生活を子どもたちの中にも育てようとする狙いがあり、1947年から4年間学習指導要領の中に教科として位置づけられていました。ただ、それは4年間しか続きませんでした。その理由は、自由な学習をどう教えていいか教師にも不明であったこと、次第に高度経済成長の時代に入り、学校教育においても知識や技術の習得を求められ

るようになったことが考えられます。

◇経験主義と系統主義

　戦後の日本において教育改革は急速に進められましたが、その主流はデューイの教育理論に見られるようなアメリカの経験主義に基づくものでした。ところが、1957年のソ連による人類初の人工衛星「スプートニク1号」の打ち上げ成功は、アメリカはもとより日本の教育にも大きな影響を与えます。（スプートニクショック）そして経験主義に基づく教育は「這いまわる経験主義」と揶揄され、知識や技術の習得を重視する系統主義が主流となりました。

　現在はどうでしょう。詰め込み教育の反省からゆとり教育が導入されましたが、国際的な学力テストの成績が思わしくなかったことから、学力向上が学校教育の至上命令となっているような気がします。ゆとり教育はもともと子どもたちが自ら学ぶ力をつけさせるという目的があったと思いますが、学力テストの点数の前には説得力も失ったということでしょうか。いずれにしても、戦後の日本の教育は、経験主義と系統主義という大きな振り子が左右に揺れ、時代の波に翻弄され続けてきたといえるでしょう。

　最近、多田先生にお会いした時、先生が「錦織さん、今の学校教育は、矮小化・形式化傾向が強いと思いませんか？」と言われました。全くの同感です。例えば、小学校の総合的な学習に英語教育が導入されました。国際的な人材の育成が目的だそうですが、英語の習得という外国語の習得に矮小化されてはいないでしょうか。国際的な、あるいは全国一斉の学力テストにおける点数が学校教育の評価にもなっています。単に暗記力を問うのではなく、読解力・表現力を重視するようになったことは評価できますが、行政も学校も点数向上に躍起となってはいないでしょう

か。コロナ感染症のためか、学校にコンピュータやタブレットなどの導入も進みました。その導入率がニュースにもなったりしています。そうした教育機器は情報の入手において有効かもしれませんが、他者と対話する中で自己の思考を高めたり、他者と共感して自分の生き方を考えたりするツールになるとは限りません。

「はじめに子どもありき」という考えは、前述の自由な学習に近いものです。それは子どもの生活に直結し学ぶ意欲を高めます。逆に「はじめに教材ありき」は系統主義に基づくものです。それは学習指導要領にある教育内容を教える場合どうしても避けて通れない教授法でしょう。そこで、教材をいかにして子どもの関心をよびよせ、追求心を高めるかが課題となります。

◇子どもにとっての学習課題

私が津田小学校のころ社会科の全国大会があり、森泰先生は5年生の伝統工業の授業で「人間国宝である安部栄四郎の出雲和紙」を取り上げられました。その時、導入として西洋紙と和紙の屈折実験から始められました。西洋紙に比べ和紙は丈夫でなかなかちぎれないのです。この実験を通して子どもたちは「和紙はどうして強いのか」という疑問をもち学習に入っていきました。

私は、4年生の開発単元で「大梶七兵衛の高瀬川づくり」を取り上げました。砂地に用水路を引くのですが、水漏れをどう防ぐか実際に水を流して考えさせました。こうした、導入を工夫することで子どもの学習に対する動機づけを図ったのです。

◇知的好奇心から始まる学び

本来、学びは子どもの知的好奇心から始まります。したがって興味・

関心も一人一人違うように、学習課題も一人一人違うはずですが、学校という集団での学習では不可能に近いと考えられます。

　しかし、高田小学校のような極小規模校ではそれが可能でした。もちろん教師として子どもたちに関心を持ってもらいたいものは提供しますが、子どもの意志を十分尊重することができるのです。そして全国大会当日は「夢スピーチ博」として一人一人がそれぞれのテーマで調べたり、練習したりしたことを発表しました。例えば1年生のH.Mさんは「おばあちゃんにおしえてもらったむかしのあそび」というテーマでお手玉遊びの歌を覚え、スピーチタイムで歌いながら披露しました。2年生のY.Iくんは「ネイティブアメリカンゲーム」をテーマにし、ネイテ

ィブアメリカンの村で暮らした方から「スティックゲーム」を習いました。石ころや木切れ、動物の骨など自然物を使う「自然に優しいゲーム」です。こうして習った遊びを参観者と共に行い、質問にも答えるのです。

　5年生のK.Aくんは学校の炭焼きのときに木酢液をつくる研究をして発表しました。6年生のK.Sくんはごみ問題から空き缶の再利用について発表しましたが、それはクラス全員のプルタブ集めに発展し、地域の人はもとより、町内の高尾小学校や松江の本庄小学校、話を聞いた兵庫県の方からも大量のプルタブが届きました。そして子どもたちは卒業前にとうとう車椅子に替えることができ、近くの介護施設に贈呈しました。

　これらの学びは、「はじめに子どもありき」で、一人の子どもの問題意識から始まってはいますが、それは決してその子だけの問題にとどまり

ません。その子の考えや取り組みにはかならず賛同する人がでてくるからです。佐藤学先生が言われる「学びの共同体」です。

◇情報リテラシーの育成

　このような学びが高田小学校で成立したのは何といっても少人数の学習集団とそれこそ豊かな自然と温かい地域があったからでしょう。では、大規模校では無理でしょうか。

　私は、難しい課題はあるが、決して不可能ではないと思っています。その鍵となるのが学校図書館の整備と本やコンピュータを活用した情報リテラシーの育成です。図書館は人間の英知が集積された場所です。その英知を十分活用できる力がつけば個々人の探究は保証さます。

　今、学校現場で注目を集めているのがアクティブ・ラーニングという学習です。この学習では教員が知識を教え込むのではなく、地球温暖化や人種差別、食糧問題など様々な現代の課題を、子ども自ら情報を集めたり友達との対話を通して自分なりの考えを導き出すものです。そのためにはいかにして正しい情報を得るかが重要であり、学校図書館やインターネットなどの教育施設・設備の充実と子ども自身の情報リテラシーの育成が図られなければなりません。例えば必要な情報を得るための図書の検索・入手方法、インターネットからの正しい情報の入手方法など身につけること、また、友達との討論を通じて自分自身の認識を深める態度や能力も必要でしょう。

　戦後幾度となく取り入れられた経験主義に基づく学習、「自由研究」「生活科」「総合的な学習」などの問題点は、そうした子ども自らが課題をもち、解決する力をつけないままに、子ども任せにしてしまっている現状があるからではないでしょうか。

◇学校図書館の改造

　私が松江市教育委員会の学校図書館支援センターに勤務する前、多くの学校図書館は悲惨な状況にありました。はなはだしきは図書館の中で煙草を吸うからと図書館に鍵を掛けている中学校さえありました。書架の本は黄ばみ、表紙は破れとても手にとってみたいとは思われない本が並んでいました。図書館というより薄暗い書庫という感じでした。しかも図書館自体が学校のはずれにあり利用する子どもたちにはもっとも不便なところにあったのです。

　私は、図書館の改造に何度か携わりましたが、最初にやることは図書の廃棄です。年度を決めて、その年度以前の本は思い切って廃棄します。これだけで図書館のイメージが変わります。しかも書架をすべて本で埋めるのではなく、隙間をつくり表紙が見えるように面出しをします。これは児童・生徒に読んでほしい本、読みたくなる本を強調するためです。城北小学校の学校司書は「この本を読みなさい」とは決して言いませんでした。私が城北小学校に赴任してすぐに図書館に行ったとき、カウンターの下の棚に教科書が並んでいるのに気が付きました。私は司書に「なぜ教科書を置いているのですか」と尋ねました。そうしたら彼女は（司書は女性だった）「教科書を見て今子どもたちが何を勉強しているのか知るんです。そして、それに関係した本を配架するんです。ときには面出しをして・・その本を子どもが手にしたとき私は心の中でやったー、と叫ぶんです。」と言いました。学校司書のすごさを見せつけられた一瞬でした。また書架には適当に観葉植物やぬいぐるみも置いてあります。蔵書が少ないわけではありません。むやみやたらに本を書架に並べないのです。子どもたちはOPAC（書籍検索）を使い、自由に本を探し出します。本はバックヤードにもあるし、もしなければ司書に頼んで公立図書館の本を取り寄せることもできます。

図書館の改造でもっとも重要なことは学校司書の配置です。「人のいる学校図書」ほど大切なことはありません。例えば教師が昆虫の授業をする場合、学校司書は子どもたちが昆虫を調べることができるよう関係した本を授業までに準備してくれます。理想は図書館の中で授業ができる机と椅子があることです。しかし、たとえ教室で授業をするにしてもワゴン車に必要な本を積んでもってくればいいのです。そうした図書を利用した授業をふんだんに取り入れることで子どもたちは本で調べる楽しさと方法を身につけます。

　また、最近ではネット検索で簡単に情報を得ることができるようになりました。コンピュータやタブレットは情報を得る極めて有効な道具となっています。もちろん、ネットの利用は様々な危険性も孕んでいるので、使用にあたっての注意点はしっかり教えなければなりません。例えば情報源にしても書籍のほうが信用できます。著者が責任をもって記述しているからです。しかし、これからの時代、デジタル情報が紙媒体の情報以上に利用されるようになるのは否めません。城北小学校は学校図書館とコンピュータ室を隣り合わせ、両方を合わせた空間を学習情報センターとして位置づけました。

　大規模校において「はじめに子どもありき」の学びを保証するには、学校図書館とネット環境の整備が前提条件であり、その上で、子どもたちに「情報リテラシー」を育てることが求められます。そうすれば、子どもたちは自分の好奇心から調べたいこと、知りたいことを学んでいくことができると思います。

① 　1クラスの授業ができる
② 　周囲には3類・4類の図書を中心配架
③ 　奥に見える扉の向こうはコンピュータ室
　　（城北小学校の図書館）

図書館内部の学習スペース

　私は、城北小学校で2年間校長でしたが、卒業生の文集には毎年「学校図書館の司書になりたい。」という希望が書かれていました。学校図書館と司書を自らの課題を解決したいという夢をかなえてくれる魔法使いのように思っていたのかもしれません。

4．教室からアジアが見える　となりのくに韓国

　島根県国際理解教育研究会として取り組んだことの一つが日本と韓国の共同研究でした。そして、研究会の中に「日韓合同授業研究部」を立ち上げ、最終的には両国の教師が共同で教材を開発し、授業実践することを目指しました。

（1）三年とうげ

　全国へき研で3・4年生が取り組んだのは、韓国の民話「三年とうげ」でした。取り上げた理由はストーリーの面白さもありますが、韓国の自然の美しさ、おじいさんの悩みを知恵で解決するのが子ども（トルトリ）であること、そして韓国語が日本語と似ていて（語順・発音など）外国語に親しむ入り口として適していること、韓国は隣国であり日本とのつながりをとらえやすいこと、などが考えらます。授業者は高畑美佐先生

です。

　民話はどこの国にもありますが、昔からの口承文学であり語り継がれる物語です。したがって高畑先生は聞くこと・話すことを重視した展開を意識しました。高畑先生がはじめて「三年とうげ」を紹介した時、多田先生からは「会話文などに感情を込めすぎないこと。子どもたちが頭に絵を描ける速さで読むこと。」とアドバイスを受けていたようです。その結果、子どもたちの反応は極めてよく、三年とうげのでっかい絵をかきたい、本読み大会をしたい、劇にしたい、韓国語で聞きたい金さん、宋さんにメールを送ろうなどといろいろな意見が出てきました。

　この民話の面白さは、「三年とうげでころぶでないぞ、三年とうげでころんだならば、三年きりしか生きられぬ」という言い伝えのある峠でころび、すっかり気落ちして寝込んでしまったおじいさんを、トルトリという水車小屋の子どもが、「じゃあ、もう一度ころんだらいいよ。一度ころぶと三年生きるんだろ、二度ころべば六年、三度ころべば九年、四度ころべば十二年、このように何度もころべば、うーんと、長生きできるはずだよ。」と教えたところです。そしてその通りに峠に行って何度もころんだおじいさんは長生きして幸せにくらした、という話です。

　全国へき研当日は、島根大学留学生金京姫（キム・キョンヒ）さんに来てもらい、物語の一部を韓国語で読んでもらいました。金さんは、最後の部分「一ぺんころべば三年、十ぺんころべば三十年、みんなみんな長く長く　長生きしました」という文を毛筆を使ってハングルで大きく書いて黒板に貼り、韓国語での読みを教えてくれました。

　「ハンボン　ノモジミョン　サムニョン　ヨルボン　ノモジミョン　サムシムニョン　モドゥモドゥ　オレオレ　サルゲテッソヨ」

　語順も日本語と全く一緒で、発音もよく似ているので韓国語に興味をもったよ１うです。そして、学んだ三年とうげを壁面いっぱいの絵に描

54

きました。　その後、島根県の民話やモンゴルのロシアの民話などいろいろな民話を調べ、「民話屋」と称して高田幼稚園にも語りに出かけるようになりました。

　その後も、研究会として韓国に関わる教材研究および実践研究を続けました。主な実践を紹介します。

（2）権正生（クォン・ジョンセン）の作品の教材化
　　　　「こいぬのうんち」

　私がはじめてクォンさんの作品「こいぬのうんち」を手にしたとき、心が震えるのを禁じえませんでした。役に立たない最も汚いとされる犬のうんち。そのうんちの愛がきれいなたんぽぽの花を咲かせるのです。それから私は、子どもたちへの読み聞かせのときに何度も読み、先生方にも紹介しました。こんなすばらしい絵本を書いたのはだれだろう、ぜひお会いしたい、そんな気持ちで作者のクォンさんを韓国慶尚北道安東（アンドン）にたずねました。クォンさんの家は本当に小さく、家というより庵という感じです。案内された部屋も３畳ほど。クォンさんは膝を曲げて座り、植民地時代のことや朝鮮戦争によって家族が離れ離れになった自分の生い立ち、「こいぬのうんち」を書いたわけを話してくれました。私は帰りにソウルの書店で韓国語の「カンアジ　トン」（こいぬのうんち）」を買い、読み聞かせの時は一部韓国語でも読むことにしました。

　その後、権正生さんの作品は、島根県国際理解教育研究会として次々に教材化し、授業実践していきました。

　『こいぬのうんち』荒川仁美先生の授業実践

　　　（2001年1月　本庄小学校）

『ファンソ　アジョシ』曽田三智子先生の授業実践

　　　（2002年11月　八束小学校）

『フォルフォル　カンダ』荒川仁美先生の授業実践

　　　（2003年12月　本庄小学校）

　クォ1ン・ジョンセンさんの作品に共通して言えるのは、目立たないもの、弱いもの、貧しいものに対する温かいまなざしがあることです。それはクォンさん自身の人生において日本の植民地支配、朝鮮戦争の中で苦難の道を歩いてきたことが底流にあると思われます。

　これらの授業実践の特徴は、国際理解教育の観点から「言葉」（この場合は韓国語）を通して外国の民話の味をもたせている点にあります。

　その中の一例として荒川先生の実践を紹介しましょう。

　荒川仁美先生はクォン・ジョンセンさんに自らも会いに行き、その時に最新作、「フォルフォル　カンダ」絵本をいただかれました。そして、荒川先生はクォンさんに「日本の子どもたちに読んでやります。」と言いました。すると、クォンさんは「題名は『フォルフォル　カンダ』。鳥がゆったりとはばたきながら飛んでいく様子をあらわす言葉だが、題名からして日本語にピッタリと訳せる言葉が見当たらない」「日本語には訳せない」と言われたそうです。

　それでもぜひこの作品を教材化したと思った荒川先生。まず、この話はクォンさんが幼い頃、おばあさんから何度も聞いた民話であることから、この話とそっくりな日本の民話と比較しながら取り上げることにしました。それが「おん　ちょろちょろ」という話です。どちらも動物、「フォルフォル　カンダ」ではコウノトリ、「おん　ちょろちょろ」ではネズミが登場します。善良なおじいさんやおばあさんがそれらの動物の動きを言葉にするのですが、それを聞いた泥棒が自分の動きを悟られたと思って逃げ出す話です。

　この二つの話はストーリーの面白さもありますが、言葉のおもしろさがあり、聞いてみたり、言ってみたりすることによって興味がわくと思われます。

　荒川先生は「フォルフォル　カンダ」について指導案の中で次のように述べています。

　「主人公の老夫婦は、純朴で貧しくとも明るくやさしい心を忘れない。それゆえの生きる強さを感じ取ることができる。歴史の中で繰り返された数多くの戦いやそれゆえの貧しさに負けることなく、いつも明るく前向きに生き抜くことを願ってきた韓国人の生き方を描いていると感じさせる人物像である。この老夫婦がコウノトリの動きを"おもしろい話として農夫と掛け合う場面や二人して掛け合うところに泥棒が入ってくる場面は、動きを伴い言葉の繰り返しのおもしろさを存分に楽しむことができる。また、話を聞いて逃げ出す泥棒の存在にも気づかず、二人して笑いながら"おもしろい"話"に浸る様子は、二人の温かな人柄を感じさせる。低学年の子ども達にとっては、日本の昔話と同じような登場人物や話の展開から親しみを持って読むことができる。繰り返される言葉のおもしろさは動作化しながら感じることでこの話の楽しさや温かさを味わうことができる。また、繰り返しの言葉は、日本語だけでなく、韓国語でも簡単にできることから、韓国語特有の語感の楽しさにもふれることもできる。」

　実際の授業においても、韓国からの留学生に韓国語で読んでもらったり、劇化したりしながら物語に浸っていきました。子どもたちは「ソンクム　ソンクム　コンヌンダ」（のっそり　のっそり　あるいてる）とか「キウッ　キウッ　サルピンダ」（きょろきょろ　さがしている）などの言葉を覚え、体の動きと合わせて繰り返し表現していました。

　この研究授業の指導講師である島根大学教育学部教授足立悦男先生

は、「1年生らしく、動作化と音読中心の授業であった。その場面（コウノトリが飛んで来て、コウノトリの動きを赤鼻のおじさんは思いつきで語り、おじいさんも一緒にまねるところ）の動作化を、「フォルフォルカンダ」などのことばの音読とともに、何度も何度も楽しんでいった。何度動作化しても楽しいのは、物語の「ことばの力」がある。音読と動作化を繰り返し、物語の世界に浸りきっている子どもたちを見ながら、私はそう考えていた。」と語られました。

　荒川先生の実践は、「平成15年度文部科学省教育情報共有化促進モデル事業」の一環として行われたものです。そこで、交流を始めていた韓国晋州市の株薬小学校とＦＡＸとパソコンを連動したシステムで交流を試みました。これは、インターネット開発会社の「あうるネット」による電子かわら版で、ＦＡＸにより原稿を送ると、1分後にはホームページ上に原稿を載せることができるものです。このシステムを使って子どもたちは「フォルフォル　カンダ」で学んだ感想などを送りました。その一部は韓国語（ハングル）で書いていました。その後、子どもたちの交流はビデオレターや手紙の交換にも発展していったのです。

（3）伊藤博文と安重根（アン・ジュングン）　1995～1997

　伊藤博文は日本初代の首相であり、明治の元勲として日本人でその名を知らぬものはいません。一方、韓国では自国を植民化した日本人としてもっとも嫌われている日本人の一人です。安重根はほとんどの日本人にその名さえ知られず、知っていても伊藤博文を暗殺したテロリストぐらいにしか思われていないでしょう。しかし、韓国では安重根の記念館があり銅像まで立って英雄として尊敬されています。同一人物が、日本と韓国で全く逆の評価をされているのです。これでは、日韓の子どもたちがそれぞれ一方的な見方しか学ばないのではないか。少なくとも、

両国にこれだけの認識の違いがあり、その原因がどこにあるのかを考えさせなければ本当の相互理解には結びつかないのではないか。そう考えた私たちは韓国に行き「安重根義士記念館」「パゴタ公園」「独立記念館」などを訪ねました。

　帰国後、八雲村立八雲小学校において山口修司先生は、「伊藤博文と安重根　二人の人物を通して日韓の歴史と未来を考える。」という単元名で授業実践に取り組まれました。

　この実践の特徴は、伊藤博文と安重根のことを一通り学習した後、「伊藤博文は立派な人か」「安重根はりっぱな人か」というテーマで「そう思う」か「そう思わない」のどちらかの立場に立って自分の意見を述べる「歴史学習討論会」を設定したことにあります。そして、この授業に韓国の方二名にも参加していただき、討論についての感想を聞いています。

　伊藤博文については、「憲法をつくったことは評価できる」「あの頃、日本のような小さな国は、領土を広げる必要があった」という肯定的な意見と、「憲法をつくったが、いい憲法ではなかった」「相手の犠牲の上に領土を広げるのはよくない」と否定的な意見がでました。

　安重根については、「韓国の人のために、命をかけて行動した。その勇気りっぱ」「その頃の時代（植民地時代）を考えると訴えてもむだだから、あういう行動に出た」という肯定的な意見と「悪い人でも殺したらいけない」「まだ主張する余地はあったはず」という否定的な意見が出ました。

　二人の韓国の方からは「戦後50年、『日本は反省しているのか』『なぜ韓国人はうるさく言うのか』とお互いがいがみ合っている。いじめと似ている点がある。いじめた方は忘れやすい。いじめられた方はずっと覚えている。」「これからどうするかが大切。日本の大学生とソウルの大学生が話し合った時、日本の学生は勉強していないのでなにも言えなか

った。相手の国の人と対したとき、勉強していないとつき合えない」などと感想を言っていただきました。

また、当時、八雲小学校は韓国慶尚北道大邱にある凡一初等学校と作品交換、学校訪問やホームスティなどの交流をしていました。その凡一小学校の子どもから次のような手紙が届きました。

「私は、5年生まで、日本人は私たちの先祖をいじめた悪い人だと思っていました。でも、6年生に上がってからは、このように皆さんと手紙の交換をしながら、悪い日本のイメージを持つより、日本のやさしい友だちと手をつないで、生きていきたいと思うようになりました。」

（4）雨森芳洲と朝鮮通信使　1988

江戸時代の外交については「オランダ人と中国人だけが長崎の港に限って貿易を許されることとなった。こうして日本は、こののち200年以上も続く鎖国の状態に入った。」というのが普通の認識でしょう。しかしながら李氏朝鮮と江戸幕府は正式な国交関係を持ち、釜山には草梁倭館という公的な日本の出先機関があったのです。さらに驚くべきことには、朝鮮通信使という500人にもおよぶ外交使節団が江戸時代だけでも12回もきているのです。もちろんこの使節団の来日は朝貢ではなく両国の対等な関係においてでした。むしろ、当時の日本人は来日した使節団の人々からさまざまな文化を学んでおり、現在でも全国各地に踊りや行列、人形などとして伝わっています。

また、朝鮮通信使の真文役（外交文書担当官）として活躍した雨森芳洲は、相手を理解するためには言葉を理解することが大切です。中国語・韓国語に通じていたこと、幕閣にあった新井白石と対立しながらも対等な外交関係を貫いたこと、当時中華思想が主流であった中でどんな国の文化も優劣はないと考えていたことなど真の国際人でした。

　日韓関係は、秀吉の文禄・慶長の役や日韓併合による植民地支配など暗い影の部分があると同時に、長い友好関係の「光の部分」があったのです。現代はまさに倭乱後の日本と朝鮮に類似しており、今度は私たちや私たちの教える子どもたちが通信使となって真の善隣友好関係を築いていかなくてはならない。そのように考えて、私たちは「朝鮮通信使の道」を訪ねて対馬から韓国に渡りました。そして、城北小学校および本庄小学校で研究授業を行いました。ここでは本庄小学校の実践例を紹介します。実践者は仙田浩志先生。単元名は『鎖国の中の朝鮮との友好』

　導入は秀吉の絵を見ながら秀吉の朝鮮侵略を復習することから始まりました。教師の「朝鮮の人は、日本のことをどう思っていただろうか？」という問いに「腹がたっていた」とか「嫌いに思っている」と口々に答えます。次に教師は徳川家康の絵を貼り、「江戸時代になって、日本と朝鮮との関係はどうなっただろう」と問いかけます。それに対してほとんどの子どもは「悪いまま」と答えました。そこで、教師は夏休みに対馬から韓国に調査しに行ったことをビデオを見せながら話しました。そこには晋州城の朝鮮侵略405周忌の映像がありました。晋州城はもっともはげしい戦いがあった所です。江戸時代になって「仲が良くなったと思う」と言っていた子も数人いましたが、教師の「405年経っても忘れていないんだよ」という説明に動揺したようすです。

　それから、巻物を広げました。それは教室の後ろまで広がる巻物で「朝鮮通信使」の行列が描かれたものでした。はじめは、大名行列だと思っていた子も、服装が違う、旗が違う、楽器を持っているなどから朝鮮からの友好の使節団であることに気づき、秀吉時代に悪化した両国が、友好的になったこと、そのために努力した雨森芳洲について学びました。それにもかかわらず、明治時代以後、また日韓関係は悪化するのです。

　ある子どもはこう感想を書きました。

「雨森芳洲さんの言葉の中に『国と国のつき合いは、争わず、真心を持ってつき合う事が大切だ。』という言葉があったけど、なぜ日本はその後、戦争なんてしたんだろう。」

（5）電子ブック『海を渡った神様』2009

　前述の文部科学省のモデル事業として取り組んだのが、日韓両国の子どもがいっしょに読む電子絵本「海を渡った神様」の制作でした。発刊の目的は次のとおりです。

　「日本書紀」「古事記」に書かれているスサノオの話に、韓国（朝鮮半島）との関わりを示す記述が見られる。また、韓国の古書「三国遺事」に、新羅の国から渡った人が日本（日本のある小国）の王になったという話がある。この日韓両国に伝わる話を、日本語・韓国語のどちらの言葉でも読めるようにする。

　この教材で学習した両国の子どもたちは、古代日本列島と朝鮮半島の間にはさかんな交流があり、朝鮮半島からすぐれた技術をもった人々が日本に渡り（渡来人）、日本列島にいた人々も彼らを温かく迎えていたことを知ることになる。そして、古代の人々が力を合わせて国づくりした話は、これからの日韓友好の歴史をつくる子どもたちに大きな指針と夢と希望を与えることになると考える。

　この絵本は二つの話から成り立っています。

第1章　ヨノランとセオニョ

　新羅時代、今の浦項（ポハン）市、迎日湾あたりに住んでいたヨノランとセオニョが日本に渡り、小国の王になったという話。韓国の古書「三国遺事」に書かれている。浦項には、セオニョが織った絹織物を祀ったとされる「日月祠堂」がある。また、二人が住んでいたといわれるとこ

ろには「日月池史蹟碑」が建っている。

第2章　　スサノオノミコト

　日本の古書「古事記」「日本書紀」に登場する神様。高天原から追われ、新羅のソシモリ（ソは韓国語で「牛」、シは「の」、モリは「頭」を表す）に行くが、「ここは自分の住むところではない」と言って、埴土で船を造り日本に渡る。出雲の国「鳥上の峯」に天降った。スサノオはヤマタノオロチを退治して奇稲田姫と結婚し出雲の国づくりに力をつくす。

　また、この本には、朝鮮半島との交流を今に伝える日本の神社や遺跡、韓国に残る遺跡や行事等も紹介しています。

　この本は、日韓両国の子どもたちが読めるように、シナリオが韓国語と日本語で書かれ、CDが付いていて、発音も両国の言葉で聞くことができ、日韓両国の授業にも使うことができます。

　この本の制作に至るまでも、私たちは韓国の先生方と交流を続けていました。そして、韓国には「慶北教師国際理解研究会」（慶北は慶尚北道の略）という組織ができていました。そして、お互いに授業交流をしたり、子どもたちの交流ではホームスティのお世話までしていただいたり

していました。今回もヨノランとセオニョの話では現地の取材や写真の提供もしていただきました。また、本の制作の直接的な部分（文章や絵）は大東文化大学教授苅宿俊文先生主宰のNPO学習環境デザイン工房の全面的な協力を得ることができました。

そして、この本を使って、日韓両国の学校で授業を行いました。
・韓国　慶州市善徳女子中学校　　（授業者　チェ・ビョンソプ先生）
・日本　松江市立内中原小学校　　（授業者　仙田浩志先生）
・韓国　大田広域市文旨初等学校（授業者　大谷小学校　錦織明先生）
・韓国　亀尾市慶北外国語高等学校（授業者　大谷小学校　錦織明先生）

以下は授業を終えた子どもの感想です。

「ぼくは、ヨノランとセオニョを聞いて感動しました。（中略）ぼくは、（日本の）先生たちの授業を聞き、たくさんのことに興味をおぼえました。ヨノランとセオニョの話や二番目に聞いた日本の伝説（スサノオの話）を聞きながら、日本とぼくたちの国は「近くて遠い国」だと思いました。先生たちの韓国語はたどたどしかったけど（言っていることは）すべてわかり、ほんとうにおもしろかったです。また、このような機会があればいいと思います。そして、先生の言われたように日本と韓国が「近くて近い国」になればいいと思います。」

文旨初等学校6年　ソ・ジョン

私は、こうした教材開発や韓国での授業、講演、そして「日韓友好少年の船」（のちに「翼」）のために年に4，5回も韓国を訪れました。渡韓は50回以上になります。韓国語も簡単な日常会話なら話せるようにもなり、韓国からの訪問のお世話もしました。

韓国は「近くて遠い国」とも言われます。松江から東京までと韓国ソ

ウルまではほぼ同じ距離であり、飛行機で行けばどちらも2時間で行くことができます。それにもかかわらず韓国を遠く感じるのはなぜでしょうか。最近でも、日本のある政治家が「日本は韓国を植民地にしていたから兄貴分だ」と言い、韓国では「古代、韓半島から人や文化が日本列島に渡ったから日本の先祖は韓国だ」と言う人もいます。一体国とは何だろう？国境は何のためにあるのだろう？と考えざるを得ません。地球温暖化にしても、コロナ感染症にしても、世界的な食糧不足にしても一国では解決できない問題が山積しています。日本だ、韓国だと争うことにどんな意味があるのでしょう。

　日韓交流のため、日本の子どもたちと韓国に行くと、日本の子どもと韓国の子どもは言葉が通じなくても手をとって町を歩き、ホームスティを楽しみます。個人と個人、団体と団体ならば心から親しくなれるのに国と国ではなぜできないのでしょう。子どもたちと「竹島問題」を話し合った時、「竹島には日本のパスポートでも韓国のパスポートでも行ける島にしたらいい。」と言った子がいました。新しい発想で竹島を日韓対立の島から日韓友好の島に変えることはできないでしょうか。私たちはこれからも子どもたちの未来のために不断の努力をしなければならないのでしょう。

多田孝志先生からのメッセージ

　多田孝志先生からは「教室からアジアが見える　となりのくに韓国」の巻頭言に次のように書いていただきました。多少長くなりますが、島根県国際理解教育研究会の取り組みを的確に評価していただくとともに、私たちの今後の研究の方向についても示唆をいただきますので。全文を引用させていただきます。

　　　　島根県での国際理解教育実践を共に学んで

日本国際理解教育学会実践研究委員長　　多田　孝志

　中国山地を越え、自動車で、広島から島根に入ったのは1994年夏のことであった。以来10数度に渉り、島根の先生方のお人柄と真摯な実践研究に魅かれ当地を訪れた。

　昨秋には東京大学の佐藤学先生、国際基督教高校の渡辺淳先生と同行し、仁多郡高田小学校の実践を参観させていただき、また2日間にわたり夕刻から深夜まで、両先生を交え島根の諸先生方と実践について語り合う贅沢な時間を共有した。

○実践を基盤とした研究の創出

　島根の国際理解教育を特徴づける第一は、実践を基盤にした研究を展開していることにある。「実践家は現実の子どもを育てている。この事実は動かしがたいものであり、そこにこそ実践者教師の誇りがある」ことを多くの先生方がしっかり認識している。先進的な研究に取り組む際に往々にみられる「理論のみが先行する実践」「理論に合わせようとする実践」の悪弊を克服し、地域や子どもたちの実態を把握し、どうしたら「地球時代に向けた、資質・能力・態度を子どもたちに育む」ことができるかを課題とした地道な実践研究に取り組んでいる。

　その成果は子どもたちの成長となって具現化している。かつて外来者に会うと気後れして下を向いてしまった子どもたちが、1年後には相手の顔をしっかり見て堂々と語る姿に感動し、そこに島根の先生方の実践への姿勢を見る思いがした。

○世界の冷厳な現実の認識

　世界の現実には周知のように、国による力の論理、民族、宗教の違いによる憎悪が生み出す悲惨な状況がある。個人レベルの差別・偏見はい

まも世界各地の人々の心にはびこっている。地球時代に生きる力は、安易・皮相的な国際協調の高揚によっては培われない。世界の冷厳な現実を直視し、その上で子どもたちに多様な文化・生き方・価値観をもつ人々と協調・共存していくための力を育んでいくことが重要なのである。

　島根県の国際理解教育の実践は、イベント型・一過性の国際交流の域を脱し、アフリカの難民問題、環境破壊等の世界の現実を教室に持ち込み、子どもたちの視野を広げ、思考を深める実践に取り組んでいる。こうした世界の現実を学ぶことによってこそ、観念的・皮相的でない幅広い国際性が培われていくのである。

○歴史認識

　現代の種々の事象は、人類の歴史の流れのはてに成立している。戦争、民族紛争、南北問題等も、歴史的経緯を踏まえねば問題の本質を見取ることはできず、解決策も提示できない。未来を創造する国際理解教育の根本には正しい歴史認識が不可欠である。

　島根県では「朝鮮通信使」「伊藤博文と安重根」等、子どもたちに正しい歴史認識を育くませるためのすぐれた実践が展開されてきた。近々「北方領土問題」についての実践も予定されている。地球時代という新たな時代に向かおうとしている時期であるからこそ、子どもたちに未来を拓くための正しい歴史認識を培う実践が重要なのである。

○学びの拡大

　島根県の各地を訪問させていただく度に、学校の環境が変わるのには感心させられる。紙漉きの村の学校の校庭には、コウゾ・ミツマタの林が出現し、山村の学校の裏庭には炭焼き小屋ができ、蕎麦の畑があった。湖は自然研究の場となり、地域の文化財は生活者の視点から国際交流の

よき素材となっている。学校は教師と子どもの聖域でなく、地域の人々が出入りし、技術と資料と精神を提供し、子どもたちの健やかな成長の援助者となっている。島根のさまざまな地域で学習空間、学習への参加者、学習時間は「子どもの学び」の効果を高めるために柔軟に活用されている。

　こうした、学びの拡大を意図した活動の根底には「知識や情報を多量に得ても、地球時代に生きる力は培えない。子どもたちが自ら学び、参加し、体験し、実感をもって自己の視野を広げ思考を深め、他者とともにあることのよさを感得することこそが重要なのである。」という実践者としての確固たる信念が看取できるように思える。

　学びの拡大は学習環境の整備に留まらない。子どもたちの視野を広げるためのインターネットの活用、学びの基本技能としてのダイアローグ型話し言葉の習得、島根大学の留学生との討議、社会・自然体験活動の展開など、地球時代の到来を直視した子どもの人間形成を目標とした意図的・計画的な多様な活動が展開されている。それらは子どもたちに学ぶことの本来的な意味を感得させていっている。

○協創する教師集団

　島根の先生方と会うたびに心地よい興奮を味わえた。それは真摯に実践について語れるからである。そうした敬愛する先生方の行動を少々乱雑だが以下にまとめてみた。

◇**行動する教師集団**

　島根県国際理解教育研究会では、毎年のように韓国に研修旅行を実施している。現地の先生方と語り合い、実践教材を収集してくる。国際理解教育や総合的な学習の先進校への参観の労をいとわない。知識を収集

するだけでなくそれを直ちに実践化する行動力はある。

◇学ぶ教師集団

　現地での韓国語による先生方の授業が計画されている。韓国語を数年に渉り学び続けた努力が可能にしたのである。すぐれた実践の背景には、必ず教師のひた向きで豊富な学びがある。文献読破、研修会への参加等々、学びの喜びを知る教師集団が島根にはある。

◇創る教師集団

　実践について語るときの先生方の表情がよい。みんなで学習プロセスを検討し、アイディアを出しあっているときの明るい顔がよい。そうした体験を継続してきた先生方は輝いている。性・年令差に関わりなく、つぎつぎと輝く魅力的な先生が育っている。島根県で、学びを創ることの喜びを知る多くの魅力的な先生方と出会えたことは幸運であった。

○今後の課題

　今後高い実践力をもつ島根県の先生方の研究に期待したい課題について項目のみを記す。

　地球生態系の一員としての生きるための「自然との共生の学習」、地球市民意識の基盤となる「自由と責任を自覚する学習」、内面からの学習としての「感性を育む学習」、今後の実践の有用な学習活動である「体験的な学習の系統化と活用方法」、主体的な学びの基本技能である「学習スキルの開発」、世界の現実を教室に持ち込む「教材・資料の開発」、世界と自分との結びつきを実感できる「インターネットの活用方法」等である。

　実践研究は厳しくはあっても、そこにこそ教師としての成長を実感で

きる喜びがある。このことに思いをいたし、これからも島根の先生方と共に歩んでいけることを願っている。

▌5．出雲かんべの里（体験型社会教育施設）のこと

　現在、私が勤務する体験型社会教育施設「出雲かんべの里」について紹介します。かんべの里は、松江市の郊外「大庭町」にあり、すぐ近くに本殿が国宝となっている「神魂神社」と「県立八雲立つ風土記の丘」や「国庁跡」などがあります。ここ大庭は島根県を代表する文化財（史跡や社寺等）が集中していて、古代出雲の中心地なのです。また、市街地の近郊にありながら、自然豊かな環境が残され、施設の後ろには 17 ヘクタールに及ぶ里山があります。

　私は、出雲かんべの里に勤務して 11 年になりますが、発想は高田小学校のころと全く一緒です。前述の文化遺産や自然環境を生かし、体験を通してそのよさを実感する施設にすることです。その根底には次のようなコンセプトがあります。

　・大量生産されたもの　より　手づくりしたもの　に価値がある。
　・人工的な空間　より　自然（里山）な空間　に価値がある
　・デジタル（仮想空間）　より　アナログ（人対人）　に価値がある

　前者を否定はしません。便利です。安価です。綺麗です。しかし本当の価値は後者にあると思っています。そのことを体験を通して伝える施設にすることが夢です。

（1）大量生産されたものより手づくりしたものに価値がある

　現代は大量生産、大量消費の時代だと言われています。100 円ショップに行けば、大抵の生活用品を安く購入できます。それだけで暮らすこ

とも可能でしょう。しかし、安いからといって不必要なものまで買ってしまったことはないでしょうか。そんなに使ってないのに捨ててしまったことはないでしょうか。安いものでもそれなりの地球資源を使っています。輸送にも燃料が必要です。捨てればごみが増えます。地球上の限りある資源を有効に使う、ごみで地球をよごさない、そうした考えからSDGsが注目をされるようになったと思います。

　かんべの里工芸館には「籐工房」「木工」「機織り」「陶芸」の四つの工房があります。そこでは、それぞれの作家の指導によってものづくりが体験できます。例えば、私が毎日使っているご飯茶碗は陶芸工房で私が作ったものです。確かに市販の茶碗より重く、拙い作りかもしれませんが、自分の手のぬくもりを感じることができます。それは、自分の好きな作家さんの作った作品にも言えることです。本当に気に入ったもの、愛着のあるものを末永く使う、そうした配慮が地球に住まわせてもらっている現代人に必要ではないでしょうか。暮らしの本当の豊かさはものをたくさん使うことではなく、価値あるものを長く、大切につかうことだと思うのです。

（2）人工的な空間より自然な空間に価値がある

　かんべの里では五節供をすべて旧暦で行っています。例えば「人日の節供」。この日は七草粥を焚いて食しますが、この七草はもともと野に摘みに行っていました。百人一首には光孝天皇の和歌「君がため　春の野にいでて　若菜摘む　わが衣手に　雪はふりつつ」があることからも分かります。しかし、新暦の1月7日はまだ真冬にもなっていません。春の野になるには立春をすぎていなければならないのです。しかたがないのでスーパーマーケットで「七草がゆセット」なるものを買うことになります。こうした節供の行事はすべて自然とかかわっています。かん

べの里では旧暦で行いますから、およそ１か月おそくなり、七草のすべてを摘むことができます。人間は新暦に合わせることもできますが、自然は新暦に合わせることはできないのです。

　「焚火だ、焚火だ、落ち葉焚き・・・」という童謡がありますが、現在、都会では焚火はまず見られなくなりました。五右衛門風呂を薪で焚くこともないでしょう。火の暖かさ、火のありがたさ、火の怖さ、そんなことを知らずに子どもたちが大きくなって大丈夫でしょうか。かんべの里では、毎月１回、「プレーパーク」が開催されます。焚火ＯＫ、木登りＯＫ、川遊びＯＫ，大人はよほどのことがない限り口出ししません。子どもたちは嬉々として焼き芋を焼いたり、川蟹を捕ったりしています。

　秋に行う「焚火を楽しむ会」では、焚火に使う薪も斧で割ってつくります。かんべの里の休憩室は裏山の薪を薪ストーブで焚いて暖をとります。

　もちろん、現代社会を過去の時代に戻すことできないことです。しかし、里山と共に暮らしていた時代こそ持続可能な社会だったと思うのです。山を切り開くことを「開拓」「開発」と考えたり、都会生活の便利さ、華やかさによって人口が集中してきたりした歴史を考え直す時期に来ていると思います。

（３）デジタルよりアナログに価値がある
　かんべの里民話館には、「語りの部屋」があり、絣の着物を着た語り部が民話や神話を語ってくれます。もちろん地声です。それも語りを聞き

に来た人と話しながら、語り掛けるように話すのです。デジタル音声は明瞭で聞き取りやすいかもしれませんが、温かみを感じにくいのです。語り部は聞き手の年齢や季節、あるいは聞き手の住んでいるところなどもつかんで対話するように話すのです。それも方言を交えたり、手ぶりを入れたりして聞き手を話に引き込みます。

　民話館にも、マジックビジョンや影絵などデジタルを活用したものもありますが、やはり「語り」の基本はアナログだろうと思っています。私は街頭紙芝居をかんべの里はもとより、保育所、学校、公民館などいろいろなところでしています。紙芝居は自作したもの、市販のものなどいろいろです。昔の自転車に紙芝居の台を積んで拍子木を鳴らし上演します。上演するときは、紙芝居だけでなく、対話をしながらいわゆる参加型の紙芝居を心がけています。

　テレビやビデオなどのデジタル動画・BGM が主流の昨今ですが、紙媒体で、しかも静止画像の紙芝居を子どもからお年寄りまで楽しんでくれます。それはなぜでしょう。デジタル音声で聞くより、生の声で聞く方がずっと心に響いてくるからでしょう。デジタル信号は「0か1」の組み合わせです。しかし、人の声はその中間、0.1 もあれば 0.9 もあるのです。民話の語りも紙芝居も口承文学です。語りは、微妙な音声、表情、身振り、そうした感覚的な伝達表現も含めてこそ伝わるのです。

　かんべの里の活動は、時代の流れに逆行しているように思えるかもしれません。ただ、人間の生き方として、SDGs の考え方として、子どもたちの未来のために、持続可能な地球のために本当に価値あるものは何かを考え、求めていこうと思っているのです。

6. おわりに　多田孝志先生に学ぶ

多田先生に指導を受ける高田小学校の教員

　高田小学校は平成11年、第30回博報賞（財団法人博報児童教育振興会主催）国際理解教育部門を受賞しました。その副賞で高田小学校での実践を「WE　HAVE　DREAMS　山の子の総合的な学習」という本にまとめ出版しました。その巻頭言に多田孝志先生が「高田小の研究によせて」と題して次のように書いてくださいました。

　「高田小学校の先生方と出会い、そして実践を参観させていただいた。今気付くことは高田小学校の先生方もまた『個の確立の彼方』を志向していたのではないかということである。先生方の周到な計画により、子どもたちはさまざまな人と出会い、地域に根差した体験をし、インターネットによる時空と距離を越えた出会いを継続してきた。その過程で一人ひとりの子どもたちが、自己の存在に誇りと自信をもちつつ、個を超えた人・物・世界とのつながりの意味を感得していった。こうした高田小の実践を進めてこられた錦織校長をはじめとする教職員の方々に心からの敬意を表したい。そして、今後の高田小学校が、植村直巳が示したように、他者との関わりを大切にしつつ、自分の人生を、自分で考え、

自分の足で歩める人間を育むための学びを継続していってほしいと願ってやまない。」（抜粋）

　多田孝志先生は、何度も教師の悩みに寄り添って親身に指導してくださいました。高畑美佐先生は「WE　HAVE　DREAMS」の中で「超多忙の合間をぬって、私たちの研究のために相談にのってくださった多田先生、あの日、どれほどの安らぎと、『ようし、気楽に頑張ろう！』という心の力をいただいたか、言葉には尽くせないものがあります。」と書いています。

　教師集団というのは不思議な組織だと思います。子どもを育てるために共通の目的意識を持ったとき、爆発するような力を発揮します。高田小学校の教員は6人しかいませんでした。しかし、この6人は全国大会が終わるまでは一人も異動希望を出さなかったのです。特に江角宏子教頭先生は前年度には3年間のへき地勤務を終えていたので松江に帰るように勧めましたが結局全国大会まで高田小学校に残りました。その後、江角教頭先生は校長になり、定年後は県立図書館の読書普及員として活躍されました。当時5・6年複式学級を担任していた吉田光良先生は高田小からドイツフランクフルト国際日本人学校に行き、さらに教頭として中国天津日本人学校に赴任しました。また、風のたよりに卒業生の中に青年海外協力隊として活躍しているものもいると聞いています。当時の研究同人や教え子たちはそれぞれの道を歩んでいますが、高田小学校の教育実践はきっと心の支えになっていると信じています。

　おこがましい言い方かもしれないが、多田孝志先生と共に高田小学校の実践を進めることができたことは実に幸運でありました、その教えを今でも自らの仕事に、そして人生に少しでも生かしていきたいと思っています。

（錦織　明）

主な参考文献・引用文献

「見聞のまねび、耳見の学び」多田孝志　増渕幸男　岡秀夫　三恵社　2022

「地球時代の言語表現」多田孝志　東洋館出版社　2003

「学校と社会」ジョン・デューイ　（「The　School　and　Society」John　Dewey　1915)

「WE　HAVE　DREAMS　山の子の総合的な学習」仁多町立高田小学校　1999

「教室からアジアが見える　となりのくに韓国」島根県国際理解教育研究会　1998

「教室からアジアが見える　となりのくに韓国II」島根県国際理解教育研究会　2004

「海を渡った神様」島根県国際理解教育研究会日韓合同授業研究部　2009

第2章
教師を育てる

1．教師としての資質を高める

（1）国際理解教育との出会い

①多田先生との出会い

　平成5年『地域に根差した国際理解教育実践事例集』発刊が多田孝志先生との出会いでした。筆者はアスンシオン日本人学校（パラグアイ）勤務を終え、大社町立荒木小学校に赴任。外国人との交流を通した子どもの姿をまとめ、実践事例集に掲載する機会を得ました。

　その際、編集委員長多田先生から書き直しの連絡が何度も届きました。なかなか合格点がもらえず、まさに汗顔の至りでした。この執筆体験が、教育実践のまとめ方を学ぶきっかけとなりましたが、後年、「あの頃、文章へただったよなあ」と多田先生が笑顔で話されたことを思い出します。その後、30年来多田先生の理論と実践にふれ指導を受けながら、自らの教育実践を重ねてきました。

　筆者は、これからの社会を生きる子どもたちに必要な力を「対話力」と捉えます。また、学校教育において、子どもが成長するためには教職員の成長が重要であり、校長の最も大きな役割は、教員の授業力を高めながらその資質を伸ばすことにあると考えます。これまで、対話型授業づくりを基盤とする学校経営方針のもと、対話型授業における視点を教員に具体的に示し、助言をしたり語り合ったりする中で、教員の教育実践力の向上に努めてきました。

　本章では、まず、対話型授業づくりの土台となった自らの実践をふり

返ります。そして、校長として勤務した3校9年間の学校経営において、どのように授業力を高め人材を育ててきたか、校長の役割について述べます。

②先進校視察、学習スキル研究会参加

平成7年八雲村立八雲小学校に異動し、森泰校長先生のもと国際理解教育の取り組みが始まりました。そして、多田先生の島根とのつながりが本格的に始まります。この頃の著者は、初めての先進校視察も体験しました。多田先生の案内で都内の先進校を視察しました。その後、学習スキル研究会への参加が目を外に向けるきっかけとなりました。

夏季休業に入ると、全国の教師が多田先生のもとに集まりました。松江から夜行バスに乗り、渋谷に6時半に到着。7時に開くハンバーガー店で朝食を済ませて会場へ。3日から4日間の東京合宿。それぞれが持ち寄った実践をもとに討論し、多田先生の講話を聞く。中高大など異校種の方や民間企業の方の話も聞く。夕方になると町に出て酒を酌み交わしながら教育について語り合う。数年続いた学習スキル研究会での体験は、目からうろこの連続でした。この時の学びと出会った友人は大きな財産となっています。

（2）国際理解教育の推進
①国際交流

八雲小学校時代にも、教室にALTや国際交流員、青年海外協力隊経験者など、様々な方を教室に招きました。世界は友だち集会を企画し、全校で取り組んだこともありました。いわゆる国際交流は、子どもたちが食や習慣、考え方の違いなどに気づく異文化理解教育として一定の成果があったと思います。

　イスラム圏とヒンズー教を信仰する人たちが訪問した際には、全校児童と一緒に食べる給食の献立から豚肉と牛肉を除いてもらうよう、給食センターの栄養士にお願いしました。さらに直前になって、宗教上鶏肉も食べられない訪問者がいることが分かり、結局肉なしの献立をお願いすることになりました。「長い栄養士人生でこのような献立は初めて」と、栄養士が語ったことを思い出します。

②国際交流から次の段階へ

　外国の人とふれ合い異文化を知る国際交流は、国際理解教育の入り口として意義あることと実感しつつ、子どもたちの国際性を育てるためにはさらに学びを深める必要があると感じていました。そこで、多田理論をもとに国際性の土台としての「人間理解」や「世界の現実理解」「コミュニケーション力」に視点をあてた授業実践へと進みました。一例として、国語科「ヒロシマのうた」や「桃花片」を人間理解の視点で実践検証記録として残しました。アメリカで起きた日本人留学生射殺事件を取り上げて、子どもたちに議論させたこともあります。『ユニセフによる地球学習の手引き』に掲載された生命の網（相互依存）など開発教育にも力を入れてきました。

③日韓の歴史を教材化

　平成10年、多田先生の勧めにより上越教育大学で開催された国際理解教育学会において、日韓の歴史に視点をあてた実践について発表する機会を得ました。話は遡り平成7年八雲小学校に赴任直後の8月、初めて韓国を訪れました。きっかけは一通の手紙でした。小学校が交流を続けている韓国慶尚北道大邱市にある凡一初等学校2年生の手紙には「おじいさんが言っていました。一番嫌いなのは日本だと…。独島（竹島）

は私たちのものです。独島のことはもうそっとしておいてください」。

　私たちは大きな戸惑いを感じました。「日韓の歴史をどのように扱ったらいいのだろうか」これは、八雲小学校はもとより、所属していた島根県国際理解教育研究会への問題提起となりました。

　そこで「百聞は一見に如かず。とにかく韓国へ行ってみよう」ということになりました。勤務校の森校長先生をリーダーに錦織明教頭先生はじめ近隣の教員総勢8名で韓国の地を踏みました。

　ガイドを務めてくれたのは日本語を学ぶ女子大生2名。三一独立運動が起きたパゴダ公園、伊藤博文を暗殺した安重根の義士記念館を見学。翌日は、ソウルから高速バスで2時間かけて独立記念館を訪れました。秀吉時代から植民地時代の生々しい爪痕が展示されていました。

　観光コースからはずれ日本人はほとんど訪れない場所と聞きました。女子大生は尋ねました。「あなた方はどうして日本人が行かない所ばかり行くのですか」と。特に独立記念館では、韓国の人から厳しい視線を浴びながら時間を過ごしました。ソウルにもどり、解体直前の朝鮮総督府などを見学しました。

　2泊3日の韓国フィールドワークを終え、さっそく教材づくりに取り組みました。その一つが学会で発表した「伊藤博文と安重根　～二人の人物を通して日韓の歴史と未来を考える～」です。日韓の歴史を学習した後、「伊藤博文は立派な人か」「安重根は立派な人か」のテーマで「歴史学習討論会」を開きました。それぞれ「立派だと思う、思わない」に分かれて討論。子どもたちは数々の討論を体験しており、担任の私はほとんど間に入ることなく進みました。討論に参加していただいた韓国の方2名からは次の感想を話していただきました。Aさん「みんなが真剣に討論しているのを見て嬉しい」「（手と手を合わせて）ぶつかり合わないと未来に向かわない。手が一つでは音が出ませんよね」。Bさん「日本

の立場と韓国の立場、それぞれよく分かる」「相手の国の人に対した時、勉強していないとつき合うことができない」「安重根も伊藤博文ももういない。二人の歴史から学んで頑張りたい」。2人は子どもたちの質問にも丁寧に答えてくださいました。

討論の中で様々な意見が出ました。その中からいくつか紹介します。「凡一からの手紙に、昔のことは忘れて仲良くやっていきましょうとありました。今の韓国の人はお父さんやお母さんから昔のことを教えられていて、日本を嫌っていると思っていたけど、こういう考えを持っている人もいるんだなと思いました」「何回か討論をしたけど、今日みたいに私たちと違う立場の人から意見を聞いて、外国の人が日本人のことをどう思っているのか分かってよかったです」「結局、私たちはまだそんなに勉強していないし、やはりその時その時代を生きた人じゃないと本当の気持ちは分からないと思います。どちらが立派だとか立派じゃないとかはあまり関係なく、今日来てくださったお二人の話にあったように、伊藤博文と安重根がやったことは忘れてはいけないことだと思います。大切なことは、これから日本と韓国がどういう風にやっていくかだと思います」。

この授業の考察として3つの視点で考えます。まず視点を変えてみることです。歴史上の人物評価は現在の価値観だけでできるものではありません。大切なことは、一つの事象を外（この場合は他国）から見たり複数の視点で見たりすることです。二つ目は、未来に向かって日韓関係を考えていくためには、過去の歴史を知り韓国の人たちの感情を知ることが大切である、という点です。

そして三つ目は、二者択一というやり方によって多様な意見が出たこ

とです。どちらかの立場に立つことで自分の考えがより明確になります。友だちの発言を聞いている内に反対側の考えに同調したり迷いが生じたりすることもあります。この迷いも学びを深めるために必要であると考えます。

　３つの視点は、国際理解教育の「人間理解」「世界の現実理解」の観点からも重要であると、多田先生から講評をいただきました。

④総合的な学習

　八雲小学校の前を流れる意宇川を舞台にした総合的な学習の時間「意宇川物語をつくろう」の実践を紹介します。４年１組の子どもたち 39 名は明るく活動的で、自然の中で遊ぶことが好きな子どもが多くいました。教室は生き物の話題でいっぱいになります。意宇川も子どもたちの大切な遊び場です。本実践は４年理科「流れる水のはたらき」から始まり、複数の教科内容を関連させながら地域の川をテーマにした総合的な学習の試みです。文科省が総合的な学習の時間をスタートさせた５年前のことです。

　本来、子どもの興味関心や活動は教科に分かれるものではないと考えます。低学年では生活科をはじめ総合的に学ぶことが多いのですが、中学年からは教科の枠の中で学習が進むことが多くなります。

　教科で学ぶ意義を認めつつ、子どもの体験や学習意欲が途切れがちになることを、以前から懸念していました。本実践は子どもの今ある姿を大切にし、興味関心に応じながら継続した学習をしていこうという考えのもとに始めました。

　子どもたちの関心は、水遊びに始まり川の生物や石などに向けられました。単に「水の３つの働き」を理解するだけでなく、周りの自然や人間の生活との関連で川を捉えようとする姿がありました。

　川の生物と水の汚れとの関係に目を向けた子がいました。雨との関連から川を考えようとした子もいました。また、自然の中で水の果たす役割について考える姿も見られました。「雨はどこへいったのか」という子の発言に対して、まわりが大きな関心を示し、「水のすがたとゆくえ」という新たな課題追究へと進んだこともありました。

　社会科では、長い年月をかけ切通しを完成させ、昔洪水をくり返した意宇川の治水に尽力した郷土の周藤彌兵衛について学びながら、川の役割について学びました。

　やがて、子どもたちの意識は上流から下流へ意宇川全体へと向かいました。そこで、源流から河口まで辿ることにしました。源流付近のきれいな水に感動した子どもの中から、「あの水でご飯を炊いてみたい」と声が上がりました。自分たちが作った米を上流の水で炊くご飯の味は、子どもたちを満足させるものでした。

　学習の成果を「意宇川物語をつくろう」としてまとめました。お家の人に伝えることが一つ。もう一つは歌「彌兵衛物語」で表現すること。「彌兵衛物語」は八雲小で創られ歌い継がれている歌です。話し合いをくり返し自分たちの思いを歌にこめました。音楽の時間は専科教員とのＴＴで進めました。

　総合的な学習「意宇川物語をつくろう」は中国地区小学校理科教育研究大会松江大会で発表することになりました。その際の発表資料には次のようにタイトルをつけました。『地域の川「意宇川」をテーマにした総合的な学習－理科・社会科・音楽科における総合的な学習の試み－第4学年「意宇川物語をつくろう」の実践を通して』。

　理科の研究大会において、まだ導入されていない総合的な学習の提案発表をすることについて、校長と担当指導主事の了解の上での発表でした。前例がなかったからでしょうか、分科会において質問や意見がほと

んど出なかったことを記憶しています。総合的な学習の時間導入を前に、島根県国際理解教育研究会でもこの頃から、研究実践に少しずつ取り組み、多田先生を講師に招きシンポジウムや研究会を開催してきました。

　平成12年から3年間、ナイロビ日本人学校（ケニア）に教頭として勤務しました。その間、多田先生とのメールのやり取りなどを通して日本や世界の教育の趨勢にアンテナを張ってきました。その中で、多田先生ご家族がナイロビを訪問され直接お話ができたことは、望外の喜びでした。国内や同時期在外教育施設にいる仲間との情報交換も続けてきました。

　ナイロビの実践詳細は割愛しますが、その後の教師生活への財産ができたことは間違いありません。ナイロビ3年目の平成14年に総合的な学習の時間が始まりましたが、派遣前の経験を在外で活かすことができたと思います。

2．へき地の子どもの資質をひらく

（1）教職員とのコミュニケーション

　帰国後、教頭として広島県境にある山間地域の小学校に勤務しました。飯南町立頓原小学校は全校70名、冬季に積雪150㎝を超えることもありました。

　教頭として心がけたことは、まず教職員とのコミュニケーションです。職員室の担任として一人一人の話に耳を傾け、こちらからも話しかけるようにしました。日々の様々な報告や相談に対して、仕事の手を止めて耳を傾ける。頷きながら相づちを打ちながら聴きます。

　できることはすぐに実行できるように話を進めます。検討を要することも後回しにせず、直ちに調べ回答しました。用事がある時は私の方か

ら出向いて話し、特別な用事がなくても職員室の中を歩き、笑顔とユーモアを交えながら会話を楽しむ。雑談によって気持ちを引き出し、私のメッセージも伝えます。職員室の雑談や対話は人間関係を円滑にすることを意識しながら、教職員に接しました。

（2）授業力の向上

　教師が実践力を高め自信をもつことが、教師の意識を前向きにします。この考えから、各教師の授業を見て回り、良かった点や改善点を伝えながら、教員と授業づくりについて率直に話し合いました。

　また、校長に進言し外部講師による研修会を開きました。多田先生を講師に迎え、授業づくりへの意識変革を促しました。全学級の授業を見ていただき、一人一人に丁寧に指導していただきました。夜は酒を酌み交わしながら歓談。教育談議に花を咲かせました。研修の積み重ねにより、これまでの一斉画一型授業中心から、子ども同士で話し合い課題解決に向かう授業へと少しずつ変わって行きました。多田先生の著書の中で頓原小学校の実践が紹介されたことも、先生たちの大きな自信と励みになりました。

（3）地域の人が学校に

　保護者や地域とのつながりを大切にし、進んで公民館などに出かけました。また、施設設備の修繕でお世話になっていた鉄工所の社長には、「美味しいコーヒーが手に入ったので」と声をかけ、特別な用事がなくても学校に来てもらいました。

　このコーヒータイムから様々なアイディアが生まれたこともあります。学校の力強い支援者の一人でした。地域を知り地域の人と仲良くなることが、学校への協力体制をつくり充実した教育活動につながります。

児童が地域に出かけ、地域の人を教室に講師として招くことが多くなり、地域と学校の距離がぐんと縮まりました。高台に校舎が移ってから遠のいていた高齢者の足も学校に向いてきました。何よりも心強かったのが保護者の協力と支援です。「地域・学校・家庭がとてもうまく支えあっていると思います」保護者のこのような声に支えられ、教職員が協同し地域と積極的に関わりながら、子どもたちの資質を高めていきました。

　積極的に地域の人を教室に招き、子どもたちと地域に出かけた教師の一人が松岡祐子先生です。松岡先生は、担任する子どものお爺さんお婆さんに協力を願い、野菜作りの先生、団子作りの先生などとして教室に招きました。また、生活科の時間には町にでかけ子どもたちのインタビュー体験など熱心に取り組みました。

　この活動が他学年にも影響を与えました。全校の地道な活動が実を結び、地域の人たちの足が学校に向くようになりました。松岡先生は授業力向上への意識が高く、「教頭先生、次の生活科の授業を見にきてください」と声をかけてくれました。授業を観察し授業づくりについて話し合いました。発問の仕方、コメントの仕方、子どもが考える時間の確保などの助言をしてきました。何度も教室に足を運び、一緒に授業づくりをしました。生活科の単元の大部分を一緒につくったこともあります。

　松岡先生は多田先生から指導を受け、対話を大切にした授業づくりを進めました。その後、県外での研修会にも進んで参加し、多田先生の教育理念と実践を長年追いかけることになります。

（4）多田先生の授業から学ぶ

　赴任1年目の11月、初めて多田先生に指導をお願いしました。研究主題「生き生きと伝え合う、心豊かな児童の育成をめざして〜コミュニケーション能力を育む、話す・聞く活動の追求〜」のもと、全学級の授

業を見ていただきました。また「地球時代の実践技能としてのダイアローグ型コミュニケーションの習得方法」と題した講話を聴きました。

　平成18年には、「多田先生に授業をお願いしたら」との校長の一言で多田先生の授業が実現しました。前日頓原に着かれた多田先生は、翌日スピーチをする6年生児童と面談。当日は6つのスピーチの型で7名の子どもが話しました。以下がそのスピーチの内容です。

1．提言・主張型　「ぼくの理想とする頓原の提言」
2．報告型「地域の施設訪問〜人へのインタビュー〜」
3．説明型「スキースクールに入った時の話」
4．朗読型「幸せ（詩）」の朗読
5．創作型「創作話」、「ハロウィンパーティ」（4コマ漫画）
6．快楽型「ぼくの失敗」

　「話している人もすばらしいけど、聴く人がすばらしい」と、途中で多田先生のコメントが入ります。詩の朗読を途中でとめて「これからあとは耳を澄ませてごらん。この子は一つ一つの言葉に工夫をしていますね」と話しかける場面もありました。「感想を短時間で書くことも大切だよ」との助言もありました。

　教職員は、「授業前の個別指導」「コメントの出し方」「短時間で書く力の育成」など、多田先生の授業から多くのことを学びました。

　松岡先生と共に魅力ある授業をする先生に吉田裕子先生がいました。子どもの前で俳優になり名演技のできる先生、引出しをたくさん持ち柔軟な対応ができる先生、子どもの心に響く言葉で話す先生でした。吉田先生が記した多田先生の回想全文をここで紹介します。

多田先生とお会いして「対話力」という言葉を知りました。それまで「対話」とは「会話」と同義であり、人と言葉を交わすこと…と単純に考えていた私にとって「力」が付随していることに違和感があったことを覚えています。

　単刀直入に「対話力って何ですか?」とはお尋ねしにくく、またお尋ねする間もなく頓原小学校児童との授業を拝見するに至りました。その授業を拝見して「対話力をお持ちの先生だからこそ、この授業が成立し、初めて先生の授業を受けた子どもたちが満足感いっぱいの表情で授業を終えることができたのだ」と肌で感じ、理屈ではない「力」を生み出す秘密を探りたくなっていました。正解ではないかもしれませんが、授業、授業者への指導、講演、ご著書、会話の中で「これか?」と感じることがありました。

☆多田先生は人が好き!　→　好きだから心を開き、開かれる　→　場が弾む

　公的な場での多田先生は、教授としての正しい姿で(失礼)接してくださっていましたが、懇親の場では全身が笑顔?と思うくらい柔らかい表情で、その場にいる人たちの話に耳を傾け、ときおりパンチのきいたコメントをくださっていました。先生のコメントから会話が広がり、その様子を見てうれしそうに「吉田さん、僕はね人が大好きなんだよね。こんなにみんなが生き生きと話している場に入れるのっていいよね」とおっしゃったことが印象的でした。

☆多田先生は名探偵!　→　人を見ようとする　→　だから対話のツボが押さえられる

　頓原小学校で授業をされる前に、該当学級の児童と簡単な面談をしておられました。その時に何を尋ねられたのかは定かではないですが、長く担任をしておられるかのように児童とのやり取りをし、思いをくみとっておられたことを覚えています。短時間でどんな子どもか「お見通し」となられたわけです。

☆人の顔と名前を覚える力が抜群！　→　いい意味で人たらし？
　→　話したくなる

　想像もつかないくらいたくさんの人と出会い、様々なシチュエーションで話をしておられると思うのですが、きちんと名前を憶えてくださっています。そして、驚くべきことに前回話した内容がきちんとつながって広がっていきます。ブランクがあっても安心して継続したご指導を仰ぐことができました。何より、覚えていてくださったという喜びが大きく、ますます調子に乗って話したくなるのでした。

☆気持ちを受け止め、適切な情報を与えてくださる！　→　感謝と自
　己対話への発展

　古江小学校の研究大会（後述の研究大会：筆者註）においては、古江地区の学習を進めていく場面でした。指導者が調べた地元の情報をどのように児童におろしていくか組み立てる過程で、地域の特徴や指導のねらいをもとに疑問や迷いを整理し、導いておられました。その人のニーズに合った助言と授業後のねぎらい…。「ありがとうございます」だけでなく、そこまでに交わされた対話が今後の学びに生かせるものとして残ります。

　結局のところ、対面している人を最優先に考えてコミュニケーションをとることや相手に応えられる自分であるように学びを続けることが「力」につながっていると感じ、意識して生活しています。ま

た、先生にとって愛犬リュウノスケくんとのひと時がそうであるように一人の時間を大切にして、いつもフレッシュな気持ちで対話の場に立ちたいと思っています。

多田先生との出会いと「対話力」を考える機会を通して、教員としてだけでなく一個人として生きる上で、大きな学びをさせていただきました。

（5）生活科の実践が『国際理解教育実践事例集小学校編』に

ここでは、文科省発行の実践事例集に掲載された生活科の実践について記します。前述の松岡先生の実践を国際理解教育の観点から筆者がまとめたものです。テーマは「たくさんの人との関わりを求めて～へき地の児童たちを変えた生活科2年間の記録～」。山間部に住む児童の日常生活は狭い範囲に限られており、自己実現や見知らぬ人への対応に苦手意識を持つ傾向が見られました。そこで小学校低学年から、国際理解の基本である「人と人とが関わることの良さを実感させたい」また、「郷土の様々な良さを感得させ、そのことから世界へと関心を広げさせたい」との思いで取り組んだものです。まず頓原の良さを発見する活動をしました。地域を探検したり地域の人々にインタビューをしたりするなど、五感を使い人と接する実体験の機会を意図的に増やしました。また、地域に住む外国の人との交流も進め、外国への関心も高めさせました。

〔2年間の活動〕

> 〔春〕学校めぐり、野菜を植える、田植え、よもぎ団子作り、町でインタビュー
> 〔夏〕野菜の収穫、保護者とサラダパーティー、町でインタビュー
> 〔秋〕秋を見つけよう、保育所を訪問、稲刈り、町でインタビュー、みんなでつくろうフェスティバル
> 〔冬〕しめ縄作り、親子で雪像作り、豆腐作り、味噌作り、外国の人と交流

①実践の特徴

　特徴の一つは、頓原小学校がめざす「コミュニケーション力の育成」にあります。次の視点を基に取り組みました。○聞くことを大切にしながら違いに気づく。○質問を返す。○たどたどしい表現でもよいから自分の言葉で語る。○「この言い方、素敵だね」と教師が称賛の言葉をかける。二つ目は、地域のネットワーク化です。保護者が授業に入る機会を増やし、児童の姿を知ってもらい協力関係を築きます。祖父母にも声をかけて知恵を借ります。学校が積極的に発信し、家族から知り合いへと輪を広げ、公民館等関係機関とも連携してネットワーク化を図っていきました。

②国際理解教育の視点

　国際理解教育の土台は、人間理解です。人と関わる体験の少ない児童のために、人と関わる機会を多く設定する。様々な人と出会い、インタビューなどを通して自己表現力を身につけコミュニケーションの楽しさを体験させる。また考えの違いを理解し、お互いの良さを認め合うことを大切にする。関わりの対象を身近な人から地域の人まで広げ、町に

出て積極的にインタビューを試みる。豊かな人間関係づくりとコミュニケーション力の基礎を築きながら、地域の良さにも気づかせたいと考えました。

③成果と発展

　入学当初、自分の思いを十分伝えることができない児童が多かったのですが、身近な人と話す機会を多く持つことによって、徐々に自己表現できるようになりました。話し合いを通して、異なる意見の中からより良い解決方法を見つけていくようになりました。お互いの良さを認め合う姿も多く見られました。町でのインタビューは、コミュニケーション力を高めると共に、地域の人と仲良くなり、地域の良さを発見することにつながりました。

　２年間、児童は多くの地域の人々と出会いました。「学校の帰り、インタビューした人に声をかけてもらいうれしかった」と日記に書いた児童がいました。児童が地域の人と交流する機会は意外に少なかったことに改めて気づきました。地域と学校の距離が縮まったことで何よりも心強かったのが保護者の協力と支援でした。町たんけんの協力を申し出てくれた保護者もいました。連絡帳で保護者から便りが届くことも度々ありました。

　生活科を中心に、学校内外での地域講師との学習が多くなってきました。私たちは、長期的なより良い関係づくりに今後も努力を惜しまないこと、生活科の学習を総合的な学習等にどうつなげていくかを課題とすることを共通理解しました。そして、生活科の学習をより充実させると共に、総合的な学習の時間において、県や国、世界へと児童の視野を広げたいと考えました。

3．校長としての、対話力の育成を基盤とした学校づくり

　現場の教師の多くが、子どもたちが活発に発言し意見交換の行われる授業をめざしています。しかし、現実はそのような教師の願いとはちがい、教師の声は教室に響くが子どもの発言はわずか、教師と子どもの一対一のやり取りに終始する、このような授業の姿が多く見られるのではないでしょうか。

　校長として赴任した出雲市立伊野小学校は出雲市の最も東側に位置し、県庁所在地松江市と隣接します。人口約1,400人の農山漁村の中心に学校は位置し、全校児童66名。子どもたちの多くは、これまで会話はできても対話は十分にできないという状況でした。会話は、ありふれた日常の話題によって楽しい時間を共有することに意味があります。

　一方、対話は、言語や非言語により相手とのコミュニケーションを図り、新しい考えや価値を生み出す行為です。子どもたちは、時には会話さえ拒むこともあり、自分の思いをうまく表出できない、友だちとの良好な関わりがつくれないなどの姿が見られました。子どもが行動する前から大人が手をかけ全てを用意し、子どもは大人の敷いたレールの上に乗っていればよい。小さい頃からそのような環境の中で育ってきたことも要因の一つであるだろうと思います。

　しかし、何よりも、授業の中で対話を楽しむ体験、対話によって問題を解決したり新しいものを生み出したりする体験が少ないことに、大きな課題があると考えました。

　これからの社会は、これまでの人の関わりだけでは成り立ちません。互いの気持ちを傷つけまいとの配慮から思いを語らない社会、慣例や旧態依然とした社会の中では、多様な世界における良好な人間関係をつくり出すことは難しいものです。互いの意見を出し合いながら合意形成を

図ったり、新しい考えを生み出したりすることが重要であり、学校教育において対話力の土台を培っていくことは、今後益々重要になるとの思いで「学校経営」に取り組みました。

　本稿では、対話力育成を基盤とした学校づくりをめざすべく、小学校における教育成果を着実に高める対話型授業に視点をあて、①対話型授業の基盤づくり②対話型授業の視点③授業実践と考察の３つを柱として述べます。

（１）対話が生まれる基盤づくり

　本校は、学校教育目標「多様な世界と出会い、対話のできる子どもを育てる」のもと、研究主題を「対話のできる子どもの育成」として取り組んできました。本研究においての対話の定義は、多田理論にもとづきます。

　様々な対話の形態の中で、主に次の２つの対話を本校教育ではめざしてきました。一つは、様々な意見の違いや対立が起こった時、それを解決するための対応型対話です。もう一つは、多様な意見を出し合い、たとえ一つの結論に至らなくても、英知を出し合い、一人では達成できない何かをつくりだす共創型対話です。授業の中に対話場面を設定し、学校全体を対話のできる環境にしていくことで、教育成果は着実に高まるものと考えます。対話場面については、一対一だけでなく一対多や多対多による話し合いも対話として位置付けました。

　学校全体に対話が生まれる基盤づくりの第一は、日常の活動の中で話しやすい雰囲気を醸成することです。学級では、話し合いのルールの徹底を図ると共に、何でも話せる気持ちを育てました。朝の会や帰りの会などで「ほかほかコーナー」など、やさしい言葉や思いが伝わる心の交流の場を設定しました。相互理解のための時間として「スピーチタイム」

を設定する。言語活動の充実を図るために、朝読書に取り組む。年間50冊または、15,000ページ以上の読書目標を設定し、全校で取り組む。子ども新聞などの活用により新鮮で広範囲の情報にふれ、視野を広げる。昇降口には、「ほかほか広場」をつくり、増やしていきたい言葉集めとして、元気が出た言葉や嬉しくなった言葉をカードで紹介し、全校で友だちの良さを認め合う。毎学期開く人権集会では、言葉づかいをテーマとし、言われて嬉しい言葉、やる気の出る言葉に焦点をあて、対話が生まれる条件としての柔らかな言葉による人間関係づくりを進めてきました。

　以上のように、対話が生まれる基盤づくりを進めながら、次の5つの視点をもとに対話型授業づくりに取り組みました。

（2）対話型授業づくりの5つの視点

　視点1〔対話が必要となる課題の設定〕○興味のもてる課題、多様な考えの出る課題を設定する。○各教科や領域などにおいて、導入・中心・終末で対話場面を設定する。

　視点2〔対話を深めるための工夫〕○学級会、パネル討論など話し合いの形態を工夫する。○自分自身と対話をするための沈黙の時間を確保する。個人思考、ペア・グループ思考など意見を練りあげやすい形態を設定する。

　視点3〔子どもたちの内面を豊かにする活動〕○心に響く体験活動を設定する。○新聞などを活用して、時事の情報にふれ視野を広げる。○学校図書館やPCを活用し、自分で求めたい情報が探す。

　視点4〔話し方、聴き方の工夫〕○スキルタイムにおいて話し合いのスキルを習得する。ペア、グループ、全体など多様な形態を体験する。メモを取りながら聴く、メモをもとに話すスキルの習得。質問や感想な

どコメントをするスキルや質問や感想に答えるスキルの習得。〇スキル
タイムや授業において、話型を習得する。

　視点5〔環境設定〕〇机の配置の工夫や話し合いが深まるための情報
の掲示など、対話のしやすい環境を設定する。

（3）授業実践と考察

　紹介する2つの事例は、島根県国際理解教育研究大会・伊野大会でも
公開したものです。

【6年 総合的な学習の時間】福田秀治教諭

　前年度の大震災募金活動に始まり、ACジャパンのCM、小学生新聞
の投書をもとに考えました。一連の学習では、作文や日記から被災した
小学生の思いを感じ取らせることにも重点を置きました。また、復興支
援に携わった消防士やボランティアセンター職員を招き、5年生と一緒
に被災地の様子や活動への思いを聞きました。

　福田先生は、対話を深めるために沈黙の時間をしっかり取りました。
「あっ、そんな見方もあるのか」と他の意見を参考にして自己をふり返
ることが、学習を深めることにつながります。また、環境設定の工夫と
して臨機応変に机の配置を変えました。自由発言の時は「コの字」、ペア
対話では「机をつける形」「頭を寄せ合う形」等。時には車座になって話
し合うこともあります。また、学習過程や成果を常時教室内に掲示し、
意識を継続させ学習意欲を高めました。話し合いの際に、掲示を示しな
がら発言する子どもの姿も多く見られるようになりました。

〔構想図〕

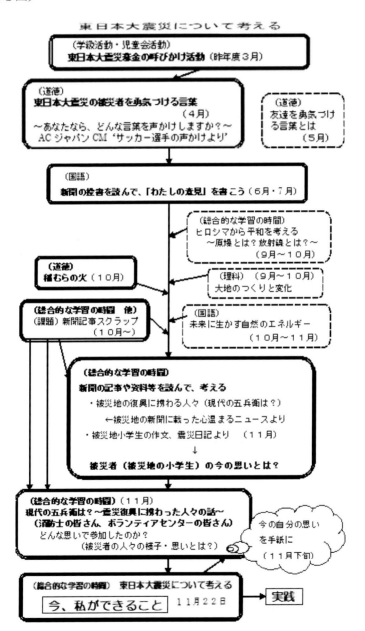

〔本時の学習〕

　○ねらい　　　・東日本大震災を受けて、今、自分に何ができるの
　　　　　　　　　　か、対話を通して考えを深める。

　　　　　　　　・被災された人々の思いや願いを考える。

　○研究の取組　・これまでの学習を想起させ、選手宣誓から自分が
　　　　　　　　　　できることについての対話を深める。

　　　　　　　　・対話を通して、実践への意欲や思いを高める。

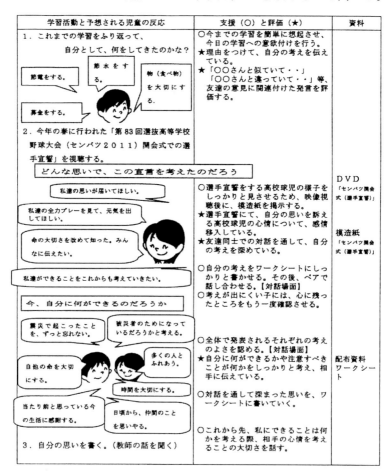

【5年 国語科パネル討論をしよう〜私たちのお米で、できること〜】
（伊藤智美教諭）

　伊藤先生は、討論形式による話し合いの力を高めることを目標としました。

〔単元構想図〕

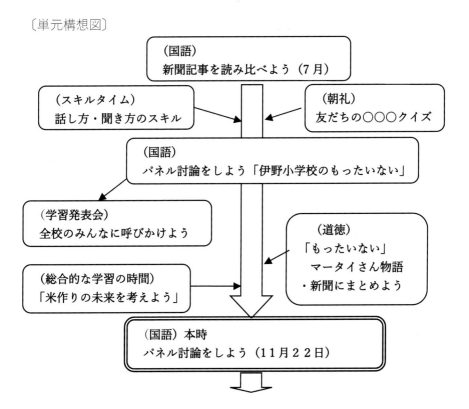

　自分と異なる意見をもつ人と意見交換をし、自分の考えと比べることにより、テーマに対する自分の考えをさらに深めていきます。収穫したもち米をどう使用するのかを考えるにあたっては、田植えから稲刈り、脱穀を全員が同じように経験していることから、同じ立場で話し合え、互いの考えを尊重しやすいものです。パネル討論では、根拠に基づいた

理論性が求められます。事実や資料に基づく調査により、明確な考えをもつ力、聞き手にわかりやすく伝えるための効果的な資料を作成する力、資料を使って明確に話す力、目的意識をもって聞く力を伸ばしていきたいと考えました。

　このようにパネル討論では、様々なスキルが総合的に求められ、伸ばしていくことになります。スキルの向上はもとより、この学習を通して対話の楽しさを感得させたい。自分の思いを自由に語ることができる喜び、それを受け止めてもらうことの喜びを感じさせたい。また、自分と異なる意見を聞くことにより、知識や考えが深まり新たな発見をする喜びを感じさせたい。このように伊藤先生は考えました。

（対話が成立する場面）
　パネル討論をとおして、売り上げの使い途を2つ考えました。ユニセフ募金と被災地の保育所に文房具を送る活動です。ここで問題となったのが販売価格でした。文房具を送るためには、昨年どおりのkg 500円では目標を達成できない。活発な話し合いの後、「目的を果たすためには1,000円でもいいのでは」という意見に落ち着くと思われましたが、A児ひとりが同意しません。そこで他の子どもたちは、なぜその値段にしたいのか理由を問いかけました。Aの発言を聞いた子どもたちは、自分の考えとの違いを再検討しました。話し合いの中で「昨年より高い値をつけるのは、日頃お世話になっている先生方に申し訳ない」という思いが多く出ました。

〔児童が作成した
　販売用のチラシ〕

　その後も日を改めて話し合いを続け、800円でも目標を達成できることを、自分たちで調べ

共通理解し決定しました。この間、担任は時々助言し見守ることに徹しました。自力で問題を解決し行動までこぎ着けた子どもたちの達成感と自信は大きいものでした。

（4）多様との出会い・他者理解へ

　対話力育成を基盤においた学校づくりを柱とし、対話型授業探求の視点から研究を進めてきました。対話型授業を進めることは、子どもの発言や思いの内面に目を向け、授業のあり方を問い直すことにつながると考えます。つまり、単に知識を得るだけでなく、自他との対話により思考を深め、新たな発見をし、問題解決に取り組む子どもの姿をめざすことです。

　これまでの成果をふり返ると、5年国語科実践のように、異なった考えや新しい発見のある考えなど多様な考えの出る課題に向かった時、対話が成立することが明らかになりました。指導者たちは次のように語ります。「子どもたちにこう対話をしてほしいという姿を自分の中でイメージしておくことが大切である」また、「人と違う考えを話す子を認め、モデルになる話し方を例として取り上げるようにしている」「教師は子ども同士のつなぎ役になることを心がけている」。対話型授業づくりによって、教師は、授業の明確なイメージと見通しをもつことができ、一人一人の伸びと必要な手立てを明確にすることができるようなりました。

〔授業づくりに向けて　多田先生との語らい〕

　教師が一方的に教えるだけでなく、子どもの意見から授業を創り上げていくことへと、意識が変わります。一方、子どもたちは、対話をする楽しさを感じるようになってきました。そして、相手がどんな思い

からそのように発言するのか、深い根拠を知りたいという姿、他者理解への姿が見られるようになりました。

　対話型授業づくりに視点をあて、対話力育成を基盤とした学校づくりによって、授業づくりへの教師の構えが確かに変わってきたことを確信しました。子どもたちの確かな成長を教師が実感し、より高い目標に向かって研究実践を進めていく教師集団の姿がありました。

　これまでの成果をふまえ今後の課題を明確にし、さらに研究実践を深めたいとの意を強くしました。本稿のおわりに対話力育成を基盤として学校づくりのキーワードは、「多様との出会い」「対話を楽しむ」「他者理解」「新たな発見」「教職員の対話力向上」であることを記します。

〔当時の教師2人の回想〕

　山口校長先生のもと、多田先生にご指導いただいたこと、今でも心に残っています。「深い対話が生まれる学び」を目指した教育、今まさに新学習指導要領で謳われているところであり、さきがけで教えていただいたおかげで、今回の改定もすんなりと受け入れることができました。

　多田先生の求めておられる深い対話の生まれる学びは、子どもたちが変化に対応しうるたくましさや社会を生き抜く力を培うものであると改めて考えます。多様性を認めつつ、対話を通して他者を理解することの重要性がますます求められつつある現状にあって、少しでも対話から多くのことを学んでほしいと考えながら日々の授業に取り組んでおります。

　本来子どもたちは、知識欲が旺盛であり、興味のもてる課題に出合わせ、対話が生まれるように活動を仕組むことで、自然に話し合いが深まっていくのだと思いますが、そこが教師の力量の問われるところ

ですね。未だ道半ばですが、実践を通して研鑽していきたいと思います。

　当時を思い出し、国際理解教育県大会での算数授業に取り組ませていただいたことは、今も私の財産になっています。柔軟な姿勢で子どもたちに向き合うことの大切さを教えていただきました。感謝しております。

（山本美貴子）

　伊野小学校に赴任し、「本校が取り組んでいる国際理解教育の授業を自分ができる教科で」と言われた時、あまりにも単純に、世界の音楽の鑑賞をすればよいと思いました。（実際にそのような授業をしてしまったのですが）その後、多田先生の講演を聞いたり本を読んだり、授業研究をしていくと、初めにそう思ってしまった自分が恥ずかしくなりました。すぐに対話型授業の実践はできないと理解し、対話力をつけるための手立てを考えて、朝礼や終礼、何より日々の授業の中で実践を重ねました。

　多田先生が学生さんたちを連れて来てくださり、音楽の授業に参加してもらいました。子どもたちと一緒に音を使って対話をする活動をしました。その際、音で人と人をつなぐ中で、音でも対話ができ、とても効果的であることが分かりました。その経験は今の授業に生かすことができています。教材研究の折、教職員でケチャを演奏したりしたのも思い出の一つです。

　多田先生に道徳の授業を見ていただいた時、「ドラマのようだった」と言っていただき、とても嬉しかったことを今でも覚えています。多田先生と出会い、対話力の考え方や授業づくりの方向性が変わりました。出会いの場をつくっていただいたことに、感謝しています。

（成相詠子）

4. 深い学びを育むための校長の役割

　筆者は、これからの社会を生きる子どもたちに必要な力を「対話力」と捉えます。また、学校教育において、子どもが成長するためには教職員の成長が重要であり、校長の最も大きな役割は、教員の授業力を高めながらその資質を伸ばすことにあると考えてきました。これまで、対話型授業づくりを基盤とする学校経営方針のもと、対話型授業における視点を教員に具体的に示し、助言をしたり語り合ったりする中で、教員の教育実践力の向上に努めてきました。

　本稿では、教育の実践力向上に関わる校長の役割を、学校経営、授業研究の視点から実証研究したことを記します。

　これから紹介します松江市立古江小学校は、全校児童250名の小学校です。宍道湖北岸の田園地帯に位置し、高台の校舎から宍道湖を望むことができます。かつての典型的な農村地帯から市街化が進み、三世代同居の家庭がある中、二世代家庭も増えています。筆者は、平成27年4月、校長として赴任しました。これからの社会を生きる子どもたちに必要な力を「対話力」と捉え、学校教育目標を「多様な世界と出会い　対話のできる子どもを育てる」としました。研究においては、対話型授業をとおして深い学びを追求しました。

　以下、一人の教師の成長過程を通して、対話型授業における深い学びを育むための校長の役割について述べます。

（1）本校の対話型授業づくり

　本校の子どもたちの多くは、前述の伊野小学校と同様、会話はできても対話は十分にできない。時には会話さえ拒むこともあり、自分の思いをうまく表出できない、友だちとの良好な関係がつくれないなどの姿が

見られました。授業の中で対話を楽しむ体験、対話によって新しいものを生み出したり問題を解決したりする体験が少ないことに大きな課題があると捉えました。

　そこで、これまでの研究の成果と課題を整理し、4月当初、まず研究主任と膝を交えて話し、研究部での話し合いへと進め、新しい研究体制づくりと対話型授業づくりを始めました。研究の概要は下記の通りです。

①話してよかったと思える「対話」のある授業づくり（27年度）

　1年次の研究テーマを「主体的に学び　共に高め合う　古江っ子の育成」〜「話してよかった」と思える「対話」のある授業づくり〜としました。対話の定義は様々ですが、本校では多田先生の理論を参考に「対話とは、多様な他者と関わり合い、自らの考えを深め、新たな考えや解決策を共に創るもの」と定義しました。研究の目標を「進んで対話をしようとする子どもを育成するための、望ましい集団づくりや授業づくりのあり方を明らかにする」としました。

②互いの考えを受け止め合う「対話」のある授業づくり（28年度）

　27年度の成果として次の点を確認しました。〇話すこと・聞くこと・話し合うことが好きという気持ちを育てることができた。〇授業づくりをとおして対話力育成のために必要なことをつかむことができた。次の段階として、考えを深めたり広げたりするために「聴き合う力」の育成も重点に加え、「話す・聴く」の両面からの対話力育成を図ることとしました。

③考えを深め合う「対話」のある授業づくり（29年度）

　2年間の取組を踏まえ、3年次は対話によって互いの考えを深め合う児童の姿をめざしました。多様な考えに出会うことにより、自分の考えを見直し再構築する姿、課題を解決するために、より良い方法や新たな考えを共に創り出していく学びの姿をめざし、対話をとおして深い学びを追求していくことを共通理解しました。

（2）教育実践力を向上させる基盤、学校全体の共創的な雰囲気づくり

　学校全体に対話が生まれる基盤づくりの第一は、話しやすい雰囲気の醸成です。教頭時代から心がけていたことをもとに、校長として、まず教職員の対話によって学校全体の対話的環境をつくることに取り組みました。自由に語り合える職員室にするための校長の役割について、以下述べます。

①職員室に笑いとユーモアを

　まず心がけたことは、校長自身がいつも上機嫌で気楽に話せる存在であることです。話がある時は私の方から出向いて話し、特別な用事がなくても職員室の中を歩き、笑顔とユーモアを交えながら対話を楽しみます。雑談によって教職員の気持ちを引き出し、私の思いを伝えることができます。職員室の雑談や対話は人間関係を円滑にします。また、校長室のドアを開放し自由に来室できるようにしました。お茶を飲みながら膝を交えて話すなど、リラックスした空間づくりに心がけました。笑いでいっぱいの職員室になるために校長の笑顔とユーモアは欠かせません。

②対話のための工夫

　次のような対話のためのちょっとした工夫をしました。日々の様々な報告や相談に対しては、仕事の手を止めて耳を傾けることが対話の前提であり、頷きながら相づちを打ちながら聴きます。できることはすぐに実行できるように話を進めます。検討を要することについても後回しにせず、直ちに調べて回答します。コメントをする時は回答や指示を全てするのではなく、質問をしながらヒントとなるコメントを心がけます。適切なコメントは対話を円滑にし、良いアイディアを生み出します。

③会議の中に対話を

　対話のある生産的な会議になるよう、次の３点を提案し実行しました。〇議題を精選する。〇会議のねらいを明確にする。〇読めば分かること

は説明を省き、協議事項を明確にして時間を多くとる。

　具体策として、「少人数で話し合う場を設定する」「ホワイトボードを使って説明したりまとめたりする」「付箋を使って質問や意見を書き出す」以上3点を中心に、会議の冒頭から小グループに分かれて話し合うなど、様々な形式

〔会議で自由闊達に
意見交換をする〕

を取り入れました。教職員が自由に話せる雰囲気が生まれると、子どもの話題、授業づくりや学級づくりの話題が自然と多くなります。教員同士が授業力を高め合い、実践したことを語り合う姿も多く見られるようになります。様々な課題に直面した時、協同して解決に向かう姿が見られるようになります。教職員の対話力が高まれば、学校全体に対話的環境ができ、子どもたちの対話力向上にもつながります。

（3）A教諭の授業づくりと校長の関わり

　27年度に本校に赴任した神庭真美教諭（以下A教諭）は、前年度まで他県で教職に就いていた30代後半の女性教師です。これまで、ICTの研究校に勤務し、ICTの研究大会において授業公開の経験を持っていました。また、教育センター主催ICT研修会において、算数科の師範授業を公開するなど、ICTの研究と共に算数科の授業研究を重点的に行ってきました。

　快活な人柄で向上心があり、積極的に研究授業に取り組む姿が見られました。教育への情熱を人一倍もち、「やる気のある子、夢をもてる子を育てたい」との思いをもちながら子どもたちに接していました。A教諭には、一緒に赴任した女性教諭と共に1年担任を任せました。

入学当初から子どもたちが落ち着いて学ぶ教室の様子は１学期後半も変わらず、筆者やまわりの教職員はＡ教諭の生活指導や学習指導に注目するようになりました。教職員間に対話が生まれ、学校全体に共創的な雰囲気ができていく中で、力を伸ばしてきたＡ教諭。以下、Ａ教諭の対話型授業づくりと成長過程における校長の関わりについて述べます。

①Ａ教諭の学級経営

　Ａ教諭は、１年目から対話型授業づくりに積極的に取り組みました。日々の授業観察などから見えたＡ教諭の授業づくりの特徴をまとめてみます。

　Ａ教諭は、まず生活や学習を道筋にのせることを大切にし、生活のリズムをつくることで安心して学校生活のスタートを切ることができるようにしました。そして、「学校は楽しい所とのイメージをもたせる。そのために、教師は明るく笑顔でいる。声に抑揚をつけたり一人芝居をしたり、子どもを飽きさせないようにする」ことを大切にしました。また、学習規律の徹底を図りました。入門期に型を教えることにより、子どもにとっても教師にとってもその後の理解や指導が楽になります。話の聞き方や発表のし方、本の読み方（座って、立って）を掲示物で示し、一人一人に体験させました。

②Ａ教諭の対話型授業の基盤づくり

〔聞き名人をめざして〕

　毎朝、音読タイムを設けました。聞くことについては、全校で取り組んでいる「耳のチャンネル３」を使い「聞き名人古江っ子」を目指し、相づちを打ちながら聞くなど反応を返しながら聞くことを意識させました。日直のスピーチタイムでは、聞き手も立ち「はい」と声に出すよう指導しました。

（人間関係づくり）

　授業や朝の会などにおいて、言葉のキャッチボールを合言葉にし、対話場面で「グッコミボール」（Good Communication ボール）と名付けたボールを使いました。ボールをもつことで言葉と一緒に気持ちの受け渡しができるという効果が見られ、心のキャッチボールへとつながっていきまいた。

③A教諭の対話型授業の実際

〔カードや掲示の活用〕

　考える時や話す時に役立つキーワードやいつでも使える言葉は、カードにしたり掲示をしたりし、年間をとおして使えるようにしました。継続することで、A教諭が声をかけなくても、子どもがカードをもとに考えたり説明したりするようになってきました。

〔聞き手も参加する話し方の工夫〕

　A教諭は、聞き手を引きつける話し方を子どもに指導しました。話し手A「〜ですね」聞き手B「はい」A「100と20でいくらになりますか」B「120です」A「そうすると〜」のような子ども同士のやり取りがよく見られるようになってきました。

〔様々な対話の形態〕

　A教諭は、様々な対話の場を設定しました。自己内対話では、机を離して個々がじっくり課題と向き合うようにしました。ペア対話では、隣同士だけでなく、自由に歩き複数の友だちと意見交換をするやり方も取り入れました。互いにコメントをしっかり返すこと、その中に考えの同じところや異なるところを入れることも指導しました。全体対話では、黒板の近くに集まり車座になることも多々ありました。同じ考えのグループ別に座り自由に移動もできるようにするなど、様々な学習形態を取り入れました。それぞれの学習形態を子どもが理解し、スムーズに進め

ることができるのもＡ学級の特徴の一つでした。

④校長からの助言

　筆者は、ふだんから努めて教室をまわりました。授業を見る主な視点は、「多様性」「対話」「沈黙」「待つ」の４つです。良い点を見つけ自信をつけさせることを意識し、授業後の担任へのコメントを欠かさないよう努めました。

　Ａ教諭の授業について、日々の観察の中から気になるところが見られました。そこで、Ａ教諭の授業を本校の対話型授業のモデルにしたいとの思いで、次のような改善点を示しながら助言をしました。

○質問や意見を考えながら聞くなど、聞く力を高める。○教師の待つ姿勢を大切にする。○言葉のキャッチボールの良さと楽しさを感じさせる。○教師が示す話型だけでなく、子どもの発言の中から言葉のキャッチボールにつながる発言を取り上げ、それを手本として子どもに示す。

　子どもの発言を教師がすぐに取り上げてまとめることを避け、子ども同士のやり取りを大切にするように話し、教師が待つことで対話が深まり、深い学びを誘引することを伝えました。

　また、友だちの発言に対する応答「いいです」「違います」の型から離れる必要性についてもふれました。これらの助言は、日常の会話の中でＡ教諭だけでなく全教職員に伝えており、職員会議などにおいてもくり返し伝えたことです。

⑤授業力向上のために校長から授業の提案

　教師が待つ姿勢をもち、子ども同士が発言をつなげる授業づくりは、容易にできることではありません。子どもが育っているＡ教諭の２年生学級でもしかりです。そこで、多様な意見が出る中で子どもたち自身の

力で課題を解決することを目的とし、「無人島で一か月生活するために持って行く物を3つ決める」をテーマとする学習を提案しました。この学習では、A教諭は初めに活動の流れを説明した後は、途中のコメントと終わりの評価に徹するよう助言しました。自己内対話からグループ対話、そして全体対話へと進みました。全体対話では意見の対立から沈黙の時間もありましたが、A教諭は最小限の発言にとどめ、見守ることに徹しました。話が堂々巡りをしている時のある子の発言「みんな同じことをくり返しているよ」のような話の流れを導く発言など、光る発言が次々と出ました。

〔グループで対話〕

〔全体で対話〕

　授業のおわり、A教諭は次のように子どもたちに話しました。

○友だちが発表している時、「そうだね」と反応していたのはよかったね。

○発表していない人に対して「～さんはどう思う」と語りかける姿もすてきでした。

○話し合いが行き詰った時、話の筋をもどす発言がありました。

○友だちの話を聞いて自分の考えを変えた人もいましたが、それも大切なことです。

　筆者からは、2年生の子どもたちに次のことを伝えました。「今日の

学習は正解のない学習。違う学級なら、別の３つになったでしょう。みんなのまわりには、正解のないことがたくさんあります。そういう時、自分でよく考え、仲間と話し合ってよい方法を見つけることは大切なことです。今日はとても大切な学習をしたんだよ」。

　授業後、Ａ教諭は筆者に次のように語りました。「なんども発言したくなる場面がありましたが、自分の発言を控え待つことで、子どもたちの力で話し合いが前に進み、課題解決ができました」。

⑥研究授業への校長の関わり

　筆者は、授業研究会の際、それぞれの学習指導案にていねいに目を通し、指導助言を行います。また、当日の授業だけでなく、前時やそれ以前の授業を見て助言をすることもあります。Ａ教諭がこれまで行った複数の研究授業についても、同様に関わりました。

　Ａ４一枚に授業記録をまとめ、記録した子どもの発言やつぶやきをもとに、子ども同士の関わり方や教師の関わり方について意見を交わしました。授業記録は他の教職員にも示します。研究会当日、当日までの記録を指導主事や参会者に配付し、協議会の補助資料とすることもありました。

　本番の後の授業もできる限り見るようにし、継続した関わりに努めてきました。教室に出向き、子どもたちの頑張りに対して校長が直接コメントを伝えることも心がけ、子どもたちの成長を担任と一緒に見守り、喜び合いました。

（４）ミドルリーダーの支援

　Ａ教諭の授業力向上には、ミドルリーダーの力が必要でした。研究主任や教務主任などのリーダーには、日々言葉を交わしながら校長の考えや思いを伝えるようにしました。その際、一方的に語るのではなく、質

問をしながら相手にしっかり語らせることを心がけました。指示は必要最小限にとどめ、具体策はリーダーに任せます。リーダーの裁量を大きくすることで組織は活性化します。本校では、教職員間の対話的環境づくりにおいても、ミドルリーダーが大きな役割を果たしていました。校務分掌や日常の活動において、校長や教頭が特別の指示を出すまでもなく、各リーダーのもと全教職員が主体的に動きます。A教諭にとってもミドルリーダーの存在は欠かせないものでした。ミドルリーダーがA教諭の成長にどう関わったか次に述べます。

①研究主任の関わり

　研究主任舟越陽子教諭（以下B教諭）は、本校の研究推進役として力を尽くしてきたベテランの女性教員です。しかしながら、他の教職員と同様、「対話や対話型授業づくり」についての研究実践は初めてであり、初めのうちは戸惑うことが多々ありました。そこで、文献や書籍を紹介したり県外の先進校視察や共創型対話学習研究所研修会への参加を勧めたりしました。

　B教諭は、各研修で得たものに本校に合うよう工夫を加え、すぐに研究実践に取り入れました。その研究熱心な姿と前向きな姿勢により、まわりからの厚い信頼を得ていました。A教諭はB教諭を慕い、授業づくりなどについて日々語り合いました。B教諭はA教諭の力量を認めながら、次代のリーダーとして育てる意識をしっかりもっていました。29年度、B教諭は専科として各担任を支え、A教諭の授業づくりを算数のT2としても支えていました。B教諭は次のように当時をふり返ります。

　多田先生のご指導の下、教職員みんなで研究に打ち込んだ古江小での3年間は、思い返せば幸せな日々でした。種種雑多な問題や実務に追われる今日の教育現場において、われわれが本当に打ち込むべき授

業づくり、子どもづくりに傾倒することができたからです。それは、多田先生はもとより、力強くリードしてくださった山口校長先生、研究授業を率先して引き受けたり、一丸となってサポートしたりしてくださった同僚の皆さんのおかげだったと思います。

　多田先生は、日本の教育界を牽引される方ですが、私たちにとても気さくで温かく接してくださいました。けれど、授業実践を見る目は鋭く、的確に、そのときの私たちの研究の段階に応じて一歩一歩進むよう指導してくださいました。50 を過ぎた私を唯一「おじょうちゃん」と呼んでくださる方でもありました。未熟でまだまだという感じだったからだとも思いますが、ちょっとうれしかったです。

　多田先生の話はいつも「次はこれに取り組もう」という意欲につながるものでした。「対話の場を作れば対話力が育つというのは幻想に過ぎない」「学びに火をつける」等のひとつひとつの言葉は、今も胸に刻んでいます。山口校長先生は、研究を大切にした学校体制を推進され、多田先生をはじめ、県内外の先生方に学ぶ場をつくってくださいました。私も三年間で様々な場へ出かけさせていただき、研修をすることができました。

　対話力を育てる研究を始めて一年目に、まず、千駄木小の原先生のお話を聞きに東京へ行きました。一人一人の学びに寄り添うきめ細やかな実践、対話力の向上を見通した学習計画、学校全体の学力向上を推進されているのが分かる掲示物等、お忙しい中、たくさんのことを教えてくださいました。仙田さんと二人で、山手線の反対回りに乗車してしまうような珍道中でしたが、その後の実践に向けて居酒屋で語り合ったのはいい思い出です。

　二年目は山梨の長坂小の研究発表会へ出かけました。多田先生のご指導を学校全体で具現化されていました。大学生から教育委員会の方

まで様々な立場の方々が一緒に学ぼうとしておられる様子に刺激を
受けました。多田先生の講演は、私たち古江小に向けてお話しくださ
った内容の一歩も二歩も先のことで、ここに向かっていかなくてはい
けないなと思いました。県外からぽんと飛び入りのように来た私に長
坂小の先生方がとても親切にしてくださり、遠いところにも同じ方向
を目指している仲間がいるという気持ちにさせていただきました。

　三年目は山口校長先生や神谷さんと一緒に、共創研の研究会に参加
しました。学校現場の方、大学その他の研究者の方等、色々な方面か
らこれからの教育について語られ、その熱気に圧倒されるようでし
た。山口校長先生が、「秋には古江小へお出かけください」と私たち
を立たせて紹介してくださいましたが、帰り道、神谷さんと二人で「ど
うする、こんなにすごい人たちの前で授業するんだよ」と手を取り合
い、事の大きさに気づかされた思いがしました。

　教職員みんなで研究発表会に向けて少しずつ歩みを進め、何とか当
日を迎えました。県内外から多くの先生方に来校していただき、つた
ない発表ではありましたが、皆さんに応援していただいたような気持
ちになり、私個人にとっては教員生活の記念すべき一日となりました。

　古江小で共に研究に励んだ同僚は、それぞれ個性豊かな楽しい仲間
でした。時には授業づくりについて切磋琢磨し合い、時には馬鹿話で
盛り上がり、おなかを抱えて笑うことも多い職員室でした。対話力を
育てる研究と共に、島根県の算数学力向上プロジェクト推進校の指定
も受け、年間数多くの研究授業を行いましたが、みんな快く研究授業
を引き受けて熱心に実践を行い、スムーズに計画を進めることができ
ました。我々が進むべき道筋と学ぶ場を与えていただいた他は、自由
に仕事をさせてくださる環境だったからだと思います。当時の教職員
の半数近くがすでに退職していますが、若い人たちが当時の学びをこ

れからの教育に生かしていかれることと思います。お世話になった皆様、ありがとうございました。　　　　　　　　　　　　　（舟越陽子）

舟越先生には次のように返信しました。

> 多田先生には古江小学校の先生たちを大切にし、熱心に指導していただいたこと、本当にありがたいことでした。
>
> 皆さんたいへんだったと思いますが、同僚性にあふれた職員集団でした。何よりベテランの先生方が元気で若手に手本を示し、引っぱってくれました。舟越さんには、特に研究主任としてお世話になりました。安心して任せられました。年度初め４月中旬、校長室にやってきて、「今年度の授業研究者が全て決まりました」と話されたことを、鮮明に覚えています。このことは、校長としての自慢の一つです。算数学力向上プロジェクトの授業、多田先生来校時の授業、その他訪問指導、多くの授業がある中で、４月半ばに全ての予定が決まることは、そうそうないことです。舟越さんの力、よき仲間との語らいがあればこそ、実りある研究実践に向かわせたのでしょう。

②算数授業リーダーの関わり

本校は、28年度に算数授業改善推進校事業県教委指定8校の1つに選ばれました。本事業は「子どもの声でつくる算数授業」をテーマとし、本校のめざす対話型授業づくりと軌を一にするものと捉えて研究実践を進めました。指定校それぞれに算数授業リーダーが任命され、本校のリーダーはＡ教諭と同時期に赴任した仙田淳一教諭（以下Ｃ教諭）。算数授業において卓越した実践力をもっており、Ａ教諭にとってこれまで以上に学べる環境ができてきました。

教科としての専門性に長けたＣ教諭からＡ教諭が学ぶべき点は多く、

授業観察やC教諭からの助言は大きな力となりました。指導案づくりや授業研究会前の助言など、校長が指示するまでもなく、C教諭が主体的にA教諭に関わる場面を何度も見ました。推進校事業が2年目に入った29年度、C教諭の異動の後、筆者は新たにA教諭を算数授業リーダーに指名しました。6月、算数授業リーダーの研修会において、A教諭は、5年「小数の割り算」の授業を公開しました。フリートークによるペア対話が機能し全体対話も活発に行われ、推進委員や指導主事から、質の高い授業との評価を得ました。

③研究実践者との連携

校長や研究主任などミドルリーダーの支援により、力を伸ばしてきたA教諭ですが、伸び悩む時期がありました。そのような時、校内の支援の他、県外の研究実践者の支援が課題解決につながり大きな励みとなりました。以前から指導を受けてきた多田先生（現金沢学院大学教授、目白大学名誉教授、共創型対話学習研究所所長）を、研究の1年目から講師に迎えて校内研修会を開いていました。

1年目の6月、A教諭の算数科授業について、多田教授から、「子どもたちがよく活動しているが、教師主導にならないように」「ICTに頼りすぎないように」との指摘がありました。この助言から、A教諭は「すぐに答えを求めない」ことを、より意識するようになりました。11月にも同様の研修会を開き、学校全体の対話型授業づくりを進める中で、A教諭はさらに工夫を重ねていきました。しかしながら、これまで身についている授業スタイルはそう簡単には変えることができないものです。2年目の11月、訪問指導を実施した際、A教諭の算数科授業を見た多田先生の第一声が「授業力の伸び幅が小さい」というものでした。研修後、多田先生からA教諭へ個別の指導助言をお願いしました。その時の指導助言をA教諭は次のようにまとめています。

○教師が引っぱるのではなく、子どもが自然に話し合いに進む授業づくりが大切。

○子どもの思考を深めるために、これまでの学習内容や学習方法、体験などをつなげる役割を教師が。言葉かけや板書などで支援をする。

○ズレから対話が生まれる効果を認識する。

　訪問指導後、A教諭の授業力向上を願い、優れた実践に直にふれさせるため、同僚と共に東京都文京区立千駄木小学校(当時) 原梨絵主幹教諭のもとに県外出張を命じました。授業を見たり話を聞いたりする中で、フリートークによるペア対話の有効性など多くのことを学び、自らの実践に生かしました。その後も、県外出張の機会を与えるよう努めました。

　多田先生の指導は多くの教師に影響を与えました。次の回想を寄せた教師も授業づくりに熱心に取り組み、授業力を高めた一人です。

　最も印象に残っている言葉は「学びに火をつける」です。課題設定と提示の工夫がとても大事であることを、一言で教えてくださった言葉です。休み時間にも授業の話の続きを口にしたり、「面白くなってきたぞ」という声を聞いたりすると、こちらも「いいぞ」とわくわくします。しかしその先の展開がなかなか容易ではなく、今も苦労しているところです。できるだけ子どもたち自身の言葉で学び合うことの大切さや授業内容に合わせた場づくりの工夫については、山口校長先生から教えていただきました。

　対話ができるようになるにはまず仲間づくりから。これはあの頃の古江小研究から得たことです。古江小から転勤した後も、子どもたちと新たな出会いがあると「まずは仲間づくり」を意識して学級づくりをしています。

　仲間といえば、あの頃の職員はいい仲間でした。仲間のすてきな授

業をたくさん見ました。「子どもが育っているなあ」という学級がたくさんあり、自分も追いつけるよう頑張ろうと思える仲間でした。子どもの分かりにくさが共感され、困り感が対話によって解消されていく授業。目の前でそんな子どもたちの姿を見ることができた時、自分の授業でなくても嬉しくなったものです。あんな授業を自分もしてみたいと思える仲間が近くにいたことに感謝しています。

　多田先生には、何度も授業を見ていただき助言をいただきました。古江小を出た後も、多田先生の講演を聞き、対話型授業を進めている先生方に会ったりしながら、継続して学んでいます。

　おわりに、先日職員室で、新規採用教員の机上に多田先生の本が置いてあるのを見て嬉しくなりました。　　　　　　　　　（若槻澄子）

　若槻学級には温かい雰囲気がありました。先生の笑顔や穏やかな語り口により、子どもたちが安心して自己表現できていることを、教室を訪ねる度に感じました。一緒に教室を回った多田先生の「やわらかい授業だね」のつぶやきが心に残っています。手紙の返信の終わりに次のように書きました。「これからもたくさん学びに火をつけてください。授業力をさらに磨くと共に、若手教員に対話型授業を継承してください」。

（5）研究大会の開催

　平成 29 年校長最後の年に、「国際理解教育研究中国ブロック大会」「島根県国際理解教育研究大会・古江大会」「共創型対話学習研究所研修会」を本校で開催しました。多田先生の指導を受け、対話のある授業づくりに取り組んできた 3 年間のまとめの年となりました。県外より参加の 40 名を含め 120 名の参加がありました。授業分科会・テーマ別分科会・鼎談などにおいて、多様な社会を生きぬくためのこれからの教育について、活発な意見交換や提言が行われました。

中国地区各県教育委員会教育長　様
各市町村教育委員会教育長　様
各小学校長・中学校長　様
● 各教育関係者様

島根県国際理解教育研究会
　会　長　持　田　健　司
　（奥出雲町立三沢小学校長）
共創型対話学習研究所
　所　長　多　田　孝　志
松江市立古江小学校
　校　長　山　口　修　司

第１０回 国際理解教育研究中国ブロック大会
第１０回 島根県国際理解教育研究大会・古江大会
第６回 共創型対話学習研究所研修会
（二次案内）

大会テーマ —— **松江で国際理解教育を語る**

子どもの資質を世界にひらく
～対話型授業をとおして～

　子どもたちが成人となり社会で活躍する頃は、グローバル化の進展や技術革新等により、社会や職業の在り方そのものも大きく変化することが予想されます。
　多様な文化的背景を持つ人々が共存し、また、変化の激しい社会の中で生きていくためには、学びを通して主体的に自己の生き方を探求する力を高めることが大切であると考えます。私たちは、国際理解教育の土台となるのが「対話」であるととらえ、研究実践に取り組んできました。本大会では、対話を通してどう学びをつくっていくのか考えていきたいと思います。
　多数の皆様にご参加いただきますよう、ご案内に併せお願い申しあげます。

1　期　日　　平成２９年１１月１７日（金）

2　会　場　　松江市立古江小学校（松江市古曽志町１７５９　℡0852-36-8752）

3　主　催　　島根県国際理解教育研究会
　　　　　　　共創型対話学習研究所
　　　　　　　松江市立古江小学校

4　後　援　　文部科学省
　　　　　　　島根県教育委員会　　　鳥取県教育委員会　　　山口県教育委員会
　　　　　　　岡山県教育委員会　　　広島県教育委員会　　　松江市教育委員会
　　　　　　　松江市教育研究会　　　松江市小学校長会　　　松江市中学校長会

5　日　程

8:30	9:00	9:05	9:30	10:30	11:30	12:30	13:55	15:00	16:20
受付	開会行事	研究概要説明	公開授業	授業分科会	昼食休憩	テーマ別分科会	鼎談	講演	閉会行事
8:50		9:20		10:15			13:40	14:55	

6　公開授業

学年	教科等	単元名等	授業者	コーディネーター
3年	総合的な学習の時間	公民館でお祭りをし隊（たい）！	神谷陽子	吉田裕子（出雲市立神西小学校）
4年	理　科	物のあたたまり方	金山倫久	松岡祐子（出雲市立出東小学校）
5年	算数科	単位量あたりの大きさ	神庭真美	仙田淳一（松江市立津田小学校）

7　テーマ別分科会

番号	テーマ	発表テーマ・発表者	コーディネーター
1	国際理解教育	異文化理解―ALTとの交流を通して―　　徳田達志（鳥取県鳥取市立逢坂小学校）　JICA中国教師海外研修を活用した国際理解教育の推進　　中村祐哉（広島県東広島市立八本松小学校）	中田　寛（鳥取県倉吉市立河北小学校）
2	外国語活動	主体的な学びをつくる実践的なコミュニケーション能力の育成　　吉平万里子（岡山県岡山市立石井小学校）　英語教育の早期化と小中連携について　～文部科学省外国語教育強化拠点事業から見えてきたもの～　　勝部由起夫（島根県雲南市立吉田中学校）	伊月義治（岡山県早島町立早島小学校）
3	海外子女教育	シカゴ日本人学校での取組を通して　　金田隆史（山口県岩国市立東中学校）　フランス・パリ日本人学校での3年間の勤務を通して　　河部謙治（島根県吉賀町立七日市小学校）	足達　滋（山口県山口市立井関小学校）

8　鼎　談
テーマ 「対話から深い学びへ」
　　進　行　青木　一　　（信州大学大学院准教授）
　　話題提供者　小嶋祐伺郎　（奈良教育大学附属中学校教諭）
　　　　　　　埴原志津香　（北杜市立長坂小学校教諭）
　　　　　　　山本　幸子　（那須塩原市立塩原小中学校後期課程教頭）

9　講　演
テーマ 「深い学びの共創」
　　講師　多田　孝志　先生
金沢学院大学教授　目白大学名誉教授　共創型対話学習研究所長

【公開授業　5年算数】

　A教諭は、5年算数「単位量あたりの大きさ」の授業を公開しました。単元の導入として次の問題に取り組みました。

　〔修学旅行の部屋について、10畳に8人入る部屋と、8畳に6人入る部屋では、どちらが混んでいるか〕

　A教諭の授業の良さは、誰もが自由に発言できることです。学習の苦

手な子も「ここが分からないから教えて」と言える人間関係が出来ています。フリーペア対話では、次々と相手をかえて対話をします。グループでの話し合いでは、発言の公平性が保たれています。「○○さんはどう思う」と互いに発言を促すこともあります。全体対話でも友だちの発言に対して、質問を返したりしながら考えを深めていきます。相手の考えを認めつつ「でも…」というつぶやきをよく聞きます。授業の終わりには、何がわかり何がわからないのかを、「すっきり」「もやっと」という言葉を使い意識させます。ふり返りを短時間で書く力も身についています。以上の特徴は、本授業でもその良さが出ていました。

　印象に残る光景がありました。授業後、県外からの参加者がA教諭とコーディネーターに質問をし、3人が熱心に話し合っている姿です。授業分科会が始まる直前まで続いていました。

〔授業分科会で出た意見〕抜粋

○子どもたちにとって関心のある題材を取り上げていたので、意欲的に学習に向かっていた。○子どもは粘り強く考え、教師は粘り強く待つことにより、活発な話し合いになった。○3つの意見が出た場面で、とかくまとめがちになるが、粘り強く再度対話の時間を設けたことにより、子どもたちの思考がさらに深まった。○既習事項をカードや掲示にまとめ、授業の中で自由に使えることは、子どもの思考を助け、学び合いの場に有効であった。カードを活用して助け合っている姿が見られた。○子ども同士のキャッチボールの意識が育っている。日常の学級経営で全員発表を目指し、ほめる、教室内の良い言葉を広げる、自分や友だちの頑張ったところを発表する等の取り組みが活かされていた。また、全校で実施している対話スキルトレーニングを子どもたちは楽しみにして

おり、その成果が表れている。○日頃から、自分の考えをもって話し合いに参加しようとしている。また、子どもの思考が止まった時には、できる限り教師の言葉かけやヒントカード等は出さないようにしている。○間違えたことを必ず残すなど、とにかく書くトレーニングを行い、自分の考えの足跡を残すよう心がけている。○課題として、教師のコメント力を培う必要がある。ねらいにせまる発問の仕方や子どもの意見に対するコメントの仕方を研究していくとよい。さらに、指導案の中にも予想される子どもの反応に対する教師のコメントを入れることで、授業の流れが整理できる。

　A教諭は、研究のまとめ「考察」のおわりに、「今後は、ねらいにせまる綿密な発問や教材研究、即座に対応できる判断力やコメント力を磨いていきたい」と記しています。

【鼎談：テーマ「対話から深い学びへ」】

　共創型対話学習研究所（多田所長）では、前身の「学習スキル研究会」からいち早く「対話」の重要性に着目し、研究実践を積み重ねてきました。新学習指導要領には「主体的・対話的で深い学び」が記されました。今後対話を柱とした授業をどうつくっていくのか、対話から深い学びへどう向かっていくのか議論が必要です。鼎談では、小・中・行政の各立場の視点で議論が展開されました。

【多田先生の講演：テーマ「深い学びの共創」】抜粋

　※（　　　　）多田先生の問いかけで参加者が隣同士で話す場面

○今日はグローバル時代。多様なものが一緒に暮らす時代。そういう時代に私たちは教員になった。

○困難を乗り越えるその時に何かが育つ。困難を克服する精神力をもたせたい。

○異と出会うことも大切。外国へ行くことではない。自分と違う感覚をもつこと。グループとチームはどう違うか。グループは同一なもの、チームは違う意見や感覚をもった人の集まり。チームを意識した学びが今後は必要である。

○21世紀は「感性と響き合う理性」がキーワード。

（感性と響き合う理性について、今日のどの授業のどこがよかったか）

○日本の子どもの問題点は何か。対話もそうだが、一度失敗をすると二度とやらない。ある調査では「200人中195人の子どもが、失敗すると二度とやらない」の結果が出ている。日本の子どもはストレスに非常に弱い。

○これからの教育に必要なものは総合力であり、何かを最後までやり抜いてまとめる力である。そして、異を生かすこと。外国人を連れてくることではない。生き方の違い、いろいろな違いを教師が用意しないといけない。先日訪れたデンマークの学校では、授業は全て対話式で行われる。また、学校理事に高校生が2名入っている。このような育ちをした子どもたちと日本の子どもたちは一緒に生きていかなければならない。

○今日の3つの授業に共通するのは、始めにできるだけ広げ、分類・整理し深めるところ。

（子どもの多様な意見を出すための手立ては何でしょう）

○グローバル時代の対話は、相互理解の難しい相手と対話をし、次々

と質問をする。異を活用してチームで良いものを創り出す。その時に必要なのは、全人的な見方であり総合力である。

子どもたちはみんなしゃべりたいと思っている。子どものその力を信じたい。ちょっと頑張って意見を言ったら楽しかった。難しい相手に伝えることができた。こういうことを感じ取らせるのが21世紀型の教育。

○授業における楽しさは、いろいろな見方・考え方があることを知ること。視点の違いによってたくさんの気づきが生まれる。

（鳥獣戯画を見て、吹き出しをたくさんつくってほしい）

○教師は、企画者・共創者・支援者・先駆者・勇気ある者。いかなる境遇であろうとも精神の自由を失うことなく生きたい。

以下、講演を聴いた参加者の声です。

○対話について深く考えることができました。対話を大切にする雰囲気づくり、時間の配分などが大切だなと思います。異との出会いについてもう少し考えてみようと思います。○我々教師が大きく変わることが必要であると再認識しました。○多田先生のお話を初めて聴かせていただきました。もっと勉強して、私も実践者になりたいです。

〔研究大会の様子を校長室だよりに〕

11月17日（金）、表題の大会を本校で開催しました。県内、中国地方各県、東京・福島・栃木・山梨・奈良などから参加がありました。国内トップクラスの研究者・実践者が集まり、充実した一日となりました。

３つの授業を中心に、参会者の声を紹介します。

（３年総合）「子どもたちの生き生きとした姿に感動しました。子どもの思いが対話につながっていました。授業構成や先生の発問、声かけが素晴らしかったです」（４年理科）「どの子も黙々と予想を記入し活発に意見交換をする姿が印象的でした。先生方がチームとして研究を積み重ねられてきたことが伝わってきました」（５年算数）「粘り強く学ぶ子どもの姿がとても素敵でした。授業もですが、こんなクラスメートとの関係性の中で学ぶと楽しいだろうなと感じるクラスでした」（その他）「素晴らしい子どもたち、先生方でした」「鼎談から深い学びへの示唆をいただきました」「多田先生のお話には共感することばかりでした」

　ここまで、一人の教師の成長過程を通して、対話型授業における深い学びを育むための校長の役割について述べてきました。当時をふり返りながら、今何を目指しているのか神庭先生の思いを語ってもらいました。

【「対話による深い学びの実現」を目指し、多田先生から学んだこと】

神庭真美

　古江小学校に赴任して、その間「対話力」育成に７年間取り組み、今年古志原小学校に異動になりました。古志原小学校では、今年度から「主体的・対話的で深い学びの授業づくり」の研究が始まりました。古江小で、先駆けて（古志原小学校が少し遅いのかもしれませんが、この力がやはり大切だから取り組む必要があったのだと思っています）取り組むことができたことは、私の教師人生の中で、とても幸運であり感謝しています。

　特に多田先生とお会いできたご縁は大きなものでした。とても優しそうな先生で、パワフルさと飾ることのない気さくなお人柄。しかし多田先生から飛び出す話の内容は、まさにグローバルで、世界規模の

話や日本の旬な教育界の話など幅広くたくさんのことを学び、感銘を受けました。

　8年前は、話の内容のレベルが高すぎて正直最初は何を言われているのかほとんど理解できませんでした。でも、何度も多田先生の話を聞くことができ、実践していくうちにじわじわと理解（きっと多田先生の考えておられることはもっとすごいので半分理解できていればいいのですが）できるようになってきました。また、多田先生を通じて、全国レベルで活躍されている先生とお会いでき話も聞き、少し広く少し深く学ぶことができました。たくさんの刺激をもらいました。

　多田先生から学んだことを、大きく3点にしぼって書きます。

①対話への見方や意識が変わった

　今、主体的・対話的で深い学びと言われていますが、まだ周りは、どうやって目の前の学習内容を学ばせるか手段として対話に目的がおかれているように感じます。しかし、これからの社会は地球規模で動いていき、多種多様な人種、国籍、人々が知恵を出し合って解決し創りだしていく共存のために対話の力を育てることが大切であること、究極は、世界の平和のために必要であることを、多田先生には教えてもらった気がします。

　前者のレベルだと対話は目的を達成するための手段でしかないと言われますが、多田先生の考えでいけば対話の力を育てることは、汎用的な力を育むことで目的にもなりえるのではないかと私は考えるようになりました。もちろん前者も大切で、多田先生が言われる対話のあり方のイメージをもって前者の活動を積み重ねていくことで、本当の対話力につながると感じています。

〔学級全員で対話をし、合意形成を図る意義〕

　私が、目指しているのは学級全員で合意形成を図ることです。子供

たちが教材や自己、他者と対話の往還をすることで、学びを広げたり深めたりしながら合意形成を図っていく、クラス全員での学び合いを目指して、授業づくりに取り組んでいきました。そして、汎用力としての対話力を育てていきたいと思うようになりました。

　急激に変化する世の中で予測不可能な社会であると同時に、多様な価値観や文化をもつ人々が共存する社会であり、共に力を合わせ、知恵を出し合い合意形成を図りながら未来をつくりあげていく力が必要なのはまちがいありません。そんな大きな社会でたくましく生きていくためにも、小さな社会である学校でその力を付けていくことがとても重要だと考えています。

　様々な個性をもった子どもたちが生活する学級で，全員で力を合わせて課題に向き合い，互いの考えを伝え，受け止め合い合意形成を図りながら、新たな考えをつくりあげるという経験を重ねたり、資質・能力を養ったりすることが、大きな社会で生きることにつながってほしいと考えています。

　様々な個性をもった子どもたちと合意形成を図ことができることは、多様な価値観や文化をもつ人々と合意形を図ることにつながり、一人残らずそういう力を付けてほしいという思いから、全員での合意形をめざしています。そして、対話をするからこそいろいろな立場の考えを理解し、よりよい考えをつくりだすことができると考えています。

②授業に対する意識が変わった

　一番変わったのは自分自身の意識のように思います。以前の自分は、教えるための技術を磨く教師指導型の授業づくりを主に考えていたように思います。教師の誘導が多く、子どもは受け身になっていました。このことは、多田先生にも指摘していただきました。そして、

資料をいただいたり先進校を紹介していただいたりして、たくさんの研修ができました。

　それからは、どうやったら子どもが学び合いを深めることができるかを主眼に授業づくりを考えるようになりました。そして、子ども同士の学び合いに対話を取り入れてきました。

③子どもの姿が変わった

　対話をすることで、一人一人が主体的に動くようになったり、自分との合意形成やみんなと合意形成ができ、考えを広げたり、深めたりする姿がありました。また、このような学習を積むことで、自分の考えを伝えることに抵抗がなくなったり、話し合うことでよりよく解決する楽しさを感じられるようになったりしている子どもの様子がみられました。互いを思いやったり、建設的な学級を築いていったりと学級の風土を高めてくれているようにも感じました。授業は、最大の生徒指導というのはこの事なのかと感じることができるようになりました。

（おわりに）

　対話力の育成に取り組み、一進一退で上手くいかないことがほとんどですが、子ども達が課題を意識して問題を解決しようとする姿、わかろうとする姿が見られます。互いに意見を聞きみんなで解決しようとする、その良さを感じる子どもたちが増えてきたように思います。

　古江小の子どもたちについて、中学校の先生から「話し合う習慣と力が育っており、自分たちで学習を進めているすごい子どもたちですね」とほめていただく言葉をよく聞きます。進学後も、小学校で培った力を発揮してさらに伸びていく子どもたちのことを聞くと、小学校から対話力を育んできて良かったと思います。今回の異動にあたり中学3年生のA君から手紙をもらいました。「小学校の時に算数の話し

合う学習が楽しく、たくさんのことを学び、中学校でも生かすことが出来た。高校でも頑張りたい」という内容で、自分への最高のプレゼントをもらったような喜びでした。改めて対話型授業や協同の学びの素晴らしさを感じると共に、大きな可能性を感じました。この度、過去6年間の古江小学校の取り組みが評価され、県教委から教育実践優秀校として表彰されることになったそうです。

私個人も、教育活動表彰を受けました。11月1日に授賞式に出席します。これまでの多田先生のご示唆のもと山口校長先生をはじめ、「対話とは何か」など当時の諸先生と対話をくり返し創り上げてきたものが、評価されたと実感しています。お礼をこめて報告させてください。

対話力はまだまだ奥が深く、やればやるほど課題が生まれています。今は、専科でクラスがもてないのが残念ですが、今の環境で精一杯授業力を高めていきたいと思います。

古江小学校に新規採用教員として勤めた宇民秋津先生は、身近に神庭先生や主体的に研究実践をする中堅教員の姿に日々接しながら授業力を伸ばしてきました。当時をふり返り次のように語っています。なお、宇民先生は古江小学校を離れて県西部の小学校に4年勤務した後、再び松江市に異動し、奇しくも神庭先生と同じ小学校に赴任しました。

自己内対話という時間の設定は、古江小独自のものであり、とても大切な時間であると感じていました。自分の考えを持ち、練り上げていくことで、課題に向かって進んでいたように思います。自己内対話を充実させるために、しっかりと教材に向き合い、子どもたちにつけさせたい力を考えていきました。

学校をかわっても、自己内対話を大切にしながら対話のある授業づくりに努めています。

(宇民秋津)

　神庭先生は回想の中で、「対話の力を育てることは、汎用的な力を育むことで目的にもなりえるのではないかと私は考えるようになりました」と語っています。「手段としての対話、目的としての対話」について、少し違う思いを持つ教師の言葉を紹介します。校長として2校目に勤務したのが、安来市立比田小学校。全校児童30名で完全複式学級の小学校でした。当時の教師の一人が次のように語っています。

　道徳の授業の後、多田先生が声をかけてくださいました。教材に興味をもってくださり、「なぜこの教材を選んだのか、どういう意図で学習を展開したのか」などの質問がとても嬉しく感じられたことをよく覚えています。

　多田先生から学んだあとは、対話をする場面を大事にしています。その際、多様な意見に触れ合うような対話になっているか、問題を解決していくような建設的な対話になっているか、主体的に対話できるような課題を設定しているかなど、授業における対話の意味を考えるように心がけてきました。また、日々の教育活動の中で、対話力育成を心がけてきました。ここ数年、担任の立場から離れていますが、「多様な考えに触れること」、「対話力向上」は、いつになってもどの立場になっても忘れることなく、子どもたちに育んでいきたいことだと思っています。

　令和の時代になってから、対話型授業はすっかり浸透し、対話のない授業展開はないように感じています。一方で、対話すること自体が目的となっているような気もしています。

（山本浩二郎）

（6）まとめ

　A教諭を例とした教職員の成長のためには、いくつかの条件があったと考えます。

　第一に、学校全体を融和的な雰囲気にすることです。校長として、教職員との日常の対話と関わりを大切にしました。校長の教育方針を明確な言葉で伝えながら教職員の意欲を喚起し、共創的で学ぶ集団をつくっていきました。日々の授業観察をとおして校長が授業づくりに積極的に関わることの重要性も明記したいと思います。

　第二は、融和的な雰囲気の中でミドルリーダーを育てることです。本事例では、校長として研究主任や算数授業リーダーを育てることがA教諭の成長につながりました。

　第三は、外部の研究実践者との連携です。校長の人脈を使い、講師を招聘したり、タイミングよく研修の機会を教職員に与えたりしたことがA教諭の成長につながりました。

　そして第四は、校長の自己啓発であり、校長自らの知の蓄積です。筆者は、これまで県外の多くの研修会に自主的に参加してきました。様々な考えや実践にふれ、全国の仲間との語らいの中から多くのことを学びました。2度の在外教育施設での体験は、多様なものの見方や視野を広げることにつながっています。また、東日本大震災後のボランティア活動など計13回の東北被災地訪問は、子どもたちや教職員に語るべき大切なものを与えてくれました。今後も、旅や読書、様々な人との出会いをとおして、自らも成長を続けたいと思います。

　A教諭の実践から明らかになったことは、対話をとおして自分とは異なる考えに接し、自らの考えを深め、新たな考えを共に創ることにより、子どもたちの思考が深まってきたことです。深い思考が深い学びとなり、新たな課題に主体的に取り組む子どもを育てます。深い学びの共創とは、

子どもが自ら課題を設定し対話をとおして思考を深めていくことであり、自ら問い続ける子どもの育成をめざし、さらに研究実践を深めたいとの思いをもたせてくれます。

┃ おわりに

　ふり返れば、筆者は、これまで「チーム何々」というスローガンを掲げたことはありません。チーム学校という特別な意識をもって学校経営をしたことがないのです。声高にチーム学校という言葉を出すことにむしろ抵抗感をもっています。人を育てるということを校長の仕事の第一と考え学校づくりをしたことが、結果的にチームとして機能し、今求められているチーム学校の在り方の一つとなっているのではないかと考えます。教職員がやりがいをもち主体的に動けば学校が活性化し、チームとしてまとまっていくのではないでしょうか。

　学校を動かすのは教職員であり、教職員を育て将来にわたる財産をつくることが、校長の最も大きな役割だとの思いで学校経営に務めてきました。何よりも教職員と、授業づくりについて語り合うことが喜びでした。これまで平凡にやってきたことの中に、学校づくりの大切な点があるのではないかとふり返っています。

　小学校現場を離れ6年になります。現在は幼児教育に携わり人材育成に努めながら、小学校の授業を機会あるごとに見ています。その一つとして、出雲市内の小学校を3年間訪れ、先生方と一緒に対話のある授業づくりをしてきました。その中で、研鑽を重ねながら授業力を伸ばしていった先生方と出会ったことは、大きな喜びでした。

　過日、多田先生と一緒に松江市内の小学校を訪れ、1年生国語科の授業を参観しました。多くの参観者にも臆することなく子どもたちは実に

のびのびと学んでいました。友だちと自由に意見交換をしたり、みんなの前で発表したり。先生は穏やかな表情で子どもたちを見守ります。子ども同士のよい関係、子どもたちの先生大好き感が教室にあふれる温かい授業でした。「先生は子どもを見る引出しをたくさん持っているに違いない。子どもたちは毎日学校に行くのが楽しいだろうな」と思いました。

　授業の後、先生と授業づくりについて話しながら、さらに授業力を伸ばしてほしいとの思いで、励ましの言葉をかけました。

　これからも、将来にわたる財産をつくるべく人材育成に微力ながら関わりたいと思います。

（山口　修司）

第3章
一人一人の子どもたちの可能性を
伸長させるために

はじめに

　子どもたちは，いつでも楽しい授業をと願っています。では，子ども達が望む「楽しい授業」とは，どんなものでしょうか。笑っているうちに時間が過ぎていく。ちょっと目新しいものがあって，興味をそそり，悩んだり考え込んだりしないでできてしまう。じっとしているより動いている時間の方が長い。こんなところではないかと思います。そんな子どもたちに，本当の楽しさを知ってほしいと願っています。

　私が考える「本当に楽しい授業」とは，「考える楽しさがある授業」です。それは，考えることを億劫がっている子どもたちの願いとは裏腹で，じっくりと取り組まなければなりませんし，悩んだり、思いあぐねたりしなければなりません。でもそこの場所へ追い込んでいくことで，それが自分を豊かにするのだと知った子どもたちは，考えることを楽しみ，行ったり来たりしながら思いを深めたり，単なる知識を得るだけでなく，深く理解したりすると思うのです。

　じっくりと考え，時には言葉に詰まり，にっちもさっちもいかない場面があったとしても，授業の終わりに「ああ、今日は楽しかった。」と子どもがつぶやいてくれたなら，私は，いい授業ができたとうれしく思います。子どもを見くびってはいけないと，私はいつも思っています。まあ，これくらいでいいとは思わず，全力で向かうことで，子どもたちは，それまでは見せなかった本気の姿を見せてくれます。そして，本当に考

えることの楽しさを感じていくのだと思います。そんな時間を，授業に求めて実践を重ねてきました。

　以下に楽しい授業を実現するための手立てについて記していきます。

1．学級づくり

　楽しい授業の基盤、それは学級づくりです。

（1）出会いのときに

　若かりし頃は，自分で学級の歌を作詞，作曲して子どもたちにプレゼントし，毎日歌っていました。もう，すっかり大人になった教え子が，今でもその歌は歌えていると言っていました。私は，その歌詞に，メロディーに，このクラスが，みんなが，どうあってほしいかという願いをこめて作っていました。

　いまは，曲をつくる情熱が薄れてしまいましたが，まずクラスの子どもたち全員にどんなクラスにしたいのかを話させます。もちろん話すことが苦手な子もいますが，とにかく考える時間を与え，こちらも辛抱強く待って一言でも願いを聞き出します。それを板書しながら整理し，クラス目標とそれを達成するための行動目標を決めます。

　これは，掲示の仕方も子ども達とデザインし，前面に1年間掲示して学期ごとに達成度を振り返り，足りないところは，具体的な対策を一緒に考えていきます。居心地のいいクラスは，みんなだけでもない，先生だけでもない，みんなと先生とで創っていくのだと知らせ，これを1年間ことあるごとに言い続けます。人のせいにしないでクラスの一員として自分で切りひらくことの大切さを感じてほしいと願ってのことです。

（2）学級作りで大切にしたこと

　子どもたち同士が互いのよさを認め合い，一人一人に居場所がある学級にすることを大切にしています。こう書くと，よく使われるありきたりの感じがしますが，本当に学級がこうであると，子どもたちは生き生きと自分を発揮して学んだり活動したりします。

　小学校高学年女子にありがちな，グループ間のいがみ合いも起こりません。発達段階として気の合う子ども達がグループを作るのは自然なことですが，そのグループ同士が互いのよさを認めて尊重し合うようになります。それには，当然指導者自身が子ども一人一人のことをよく理解し，その子にしかないよいところをちゃんと見つけることです。

（3）教師の対応

　私は，子どもをおだてることはしません。そうでもないことをおおげさにほめたり，こちらの都合でよかったことをほめたりはしません。本当にこの子の持ち味だと思ったり，少しでも周囲の子ども達より秀でていると感じたりしたことは，たとえこんなことと思うような小さなことでも褒めます。すかさず褒めるのです。すかさずというのは，「ああ，いいなあ。」と思った瞬間の私の思いを伝えるということです。そして，みんなの前で「〇〇名人」「〇〇スペシャリスト」「〇〇のことなら～さん」とネーミングして称えます。

　例えば，行動が粗暴で授業中も少しも話など聞かない男の子がいました。その子は，校内では挨拶など進んではしませんが，不思議と校外学習に出かけるとお世話になる見学先の人にはもちろんですが，通りすがった人にも笑顔で明るい挨拶をするのです。私は，出かける際の挨拶リーダーに彼を任命しました。彼は，張り切って大きな声で率先して挨拶をし，周囲の子ども達もだんだんと巻き込まれていきました。

これまでいつも怒られてばかりの彼が認められリーダーになれたことで，半年後には，授業に進んで参加し，人とは違ったが見方で発言し周囲を納得させる〝自ら学ぶ人〟に大変身を遂げました。(手立てはこれだけではありませんが)

　こんなこともありました。低学年の頃から授業には参加できず徘徊を繰り返していた男の子を5年生で担任したときのことです。彼はテストなどしてもどうせできないと思っていますから，テスト用紙を配るとくしゃくしゃに丸めて私が見ている目の前で勢いよくごみ箱に放り込みました。

　私が拾い上げて丁寧にしわを伸ばし机の上に置くと，またすぐに丸めてごみ箱へ。それを何度か繰り返しているうちに彼は無言で立ち上がりベランダに行ったかと思うと水道の蛇口を最大にあけてテスト用紙に水をかけました。こうなったらもうテストはできません。私は心から「頭いいなあ～。」と言いました。頭がいいと褒められたことなんてなかったのでしょうね。それからは，二度とテストはくしゃくしゃにはしませんでした。5年生の間に九九も覚えました。

2．授業づくり　「一人一人の子どもが意欲を高め、成長していくために」　～授業の基本は教材開発～

　授業づくりの始まりは教材研究と考えています。ことに、総合的な学習や社会科の授業で、どんな教材を使用するかは、非常に重要です。

（1）教師の力量とは

　教材は、じっくりと分析し、子どもたちの思考の流れを予測して、子ども達と教材とを近づける手立てを考えます。特に、総合的な学習の時

間では、この作業が大切です。これは、私の恩師森泰先生からの教えです。総合的な学習の時間が始まった当初、教師の力量が問われると、みんなどうしたものかと思い悩む中、私は森先生の教えのお陰で、子ども達と共に思う存分総合の時間を楽しみました。

　総合的な学習の時間のよさは、子ども達一人一人のよさが発揮される場があることです。それまで、学習に関心がなく、参加してこなかった子も、座学が苦手で"できない自分"ばかりを実感していた子も、それぞれの持ち味を存分に発揮する場をつくることができ、そのことを学ぶだけでなく、他の教科にもいい影響を与えます。

（2）ストーリーを考える

　始まりは、環境学習でした。学校周辺に湧き出る清酒造りにも使われる名水の存在を知り、それをこれからも守りたいと子ども達が思うようにと「ふるさとの水は宝物」と題してストーリーを考えました。そのために、地域の人や環境問題に詳しく実際に取り組んでおられる隣県の方との交流を、さも子ども達が自分たちで見つけてきたかのように仕組み、人とのつながりの中で視野を広げ、探究心を深めていきました。

　このストーリーの最後には、1泊で斐伊川を上流まで行くツアーを計画しましたが、その際に、次の総合的な学習の時間につながる種まきを斐伊川の岸辺で思いつきました。斐伊川の上流の奥出雲は、たたら製鉄で有名です。いまも斐伊川では、製鉄の際に出た"かなくそ"がみつかります。私は、これをなぞの物体として持ち帰り、次年度は、「鉄の文化をさぐる」と題して学習に取り組みました。

　人とのつながりを大切にしたいと考え、鉄づくりの文化を調べ、同じような学習を展開している他校とも交流し、学習の終盤には、学校の庭にテントを張って、実際にふいごをふいで、鉄づくりをしました。こん

なことを許してくださったのは、当時の校長の山﨑滋先生です。

　このときは、保護者の中に大工さんがいて、意気に感じて材料をすべて提供しておじいさんと共にテント小屋を作ってくださいました。日刀保たたらで、当時ただひとりのむらげさんに会いに行き、簡易の炉もお借りしました。元校長先生であった奥原先生に手作りでふいごを作ってもらい、朝から薄暗くなるまで交替でふいごをふいで、両手に入るほどのけらをつくりあげました。子どもたちは、実に生き生きとそれまで学習してきたことを生かし取り組みました。保護者まで巻き込まれて、ふいごをふぐ手伝いをしてくれました。

　私は、学習を展開するうえで、「人とのつながり」を大切にします。この人と思う人に巡り合うまでアンテナを張ってあの手この手でつてをたどり、出会った人と子どもたちのつながりを強いものにと出会い方も、その後の交流の仕方も工夫します。自分たちの学びは、多くの人たちに支えられていることを実感させます。

（3）教材発見をもとめて

　3年前に取り組んだ6年生の総合的学習では、戦争の悲惨さと、平和の大切さについて学ぶ平和学習をおこないました。どの学校でも第二次世界大戦について学ぶ材料として、戦争体験のある方々に戦時中の苦労話を聞きながら、理解を深める取り組みは、よく行っているとおもいます。そして、修学旅行の際には、広島県まで出かけ、原爆ドームや資料館の見学、被爆経験者から講話を聞くなどします。しかしコロナ渦では、なかなか県外にいくことはできません。

　そこへ、「戦時中、松江市のとなりにある出雲市に、知覧元海軍基地（鹿児島市）のような特攻基地の跡が残っており、その飛行場の滑走路跡などが、住宅建設のためにこわされる計画があり、貴重な戦争遺跡の破

壊につながりそうだ。」とのニュースが報道されました。これは戦争と
平和の問題を考える県内では,数少ない教材だと考えました。

　そこで、休日を利用して現場へ出かけて見学し、この遺跡について研
究を深めている元小学校教師を訪ねて話を聞き、新聞記事を報道した記
者とも面会し、情報収集に努めました。

　なぜそこまで、心動かされたか、その理由は下記です。

①　この基地跡(大社基地)は、県内で平和問題を考える最高の教材の
　　一つである。

②　典型的な事例と言える。

③　教材が近くにあり、見学が可能である。(本年中に一部を残し消
　　滅予定)

④　子供たちに学習の広がりの可能性がある

⑤　識者が近くにいて、説明を聞くことが出来る。

⑥　子供たちが考えるための要素が多分に残されている。

⑦　子供たち同士が対話できる内容が含まれている。

　上記は、私が授業づくりの前提としての教材研究の基本的な方針とも
なっています。

（4）教材開発が学び手の心をゆさぶる

　子どもたちは、実際に滑走路としてつくられたコンクリートの上に座
り、それを手で撫でながら講師の方の話を聞きました。こうして、子ど
もたちにとって 70 年以上も前という時間的に遠く、東京や沖縄、広島
で悲惨なことがあったという距離的に遠かった〝戦争〟が、自分たちの
近いところで起きたこととして捉えられ、二度と繰り返さないというそ
の後の誓いの言葉に強い思いを持たせるものとなりました。

これ以降も、この時お世話になった講師の先生とはつながりを持ち、大社基地がある周辺の教師たちと共に、今現在、県内どこでも大社基地を生かした平和学習ができるように教材化することに努めています。

▍3．学びに対話を活用するために

質の高い学びを実現するために有用な手立てが対話の活用です。

まず、対話の活用により深い思考を生み出すめざす子どもの姿を検討しました。

私が対話を活用した授業で、目標としているのは、多田先生が「中等教育資料」に記しておられた下記の子供の姿です。

- ア 全員が解決すべき課題を共有して，全員参加（それぞれの気づきの出し合い）で意見交流をしている。
- イ 聴く力（要約力）が育ち，話し手の考えの意図や思い・願いを的確にとらえて受け止めている。
- ウ 発言への意欲をもち，くり返し発信する中で，一つの考えに固執せず，発想の転換ができている。
- エ 批判や異なる意見，考えの対立をこわがらず，むしろそれを楽しむことができる。
- オ 互いの意見を交流する中で，複数の考えから最良と判断できる考えを選択したり，曖昧な部分について理由や根拠などをはっきりさせて説得力のあるものにしたりしている。
- カ みんなで出したひとつの結論にとどまらず，再思考（見直したり・練り直したり）しながら探究する楽しさを感じている。
- キ 自分が新たな知識や考え方を得て成長していることを感じ取り，

そこに喜びを感じている。

　ク　自分が所属する集団（グループ・クラス・学年）がさまざまな
　　意見を交流しながら，新たな見方や考え方を見出し成長している
　　ことに喜びを感じている。

　こうした子供の姿を求めて、対話を活用した教育実践研究を継続して
きました。

4．出雲郷小学校の実践研究

　出雲郷小学校に赴任し、校長から研究主任を任されました。幸いよき
教師仲間たちと出会い、協力して対話型授業の実践研究を展開してきま
した。その概要を記します。

（1）子供たちの対話力の実態

　現在対話型授業の実践研究に取り組んでいる出雲郷小学校の子供の
実態は以下に捉えられます。

・明るく無邪気に人に接する児童が多く，日常のおしゃべりは弾んでできる。 ・実験したり，体験したりすることを好み，集中して意欲的に取り組む。 ・友達や外部の講師など，人と関わって学ぶことに楽しさを感じる子どもが多い。	 反面	・パブリックスピーキングを苦手とし，何をどう伝えてよいのかわからず，口ごもる子どもが多い。 ・実験や体験での学びを的確に言語化できにくく，体験等を整理して学びを深める力が十分ではない。 ・学習姿勢の保持が難しい子ども達が多く，粘り強く取り組む姿勢が十分でない。 ・自己決定を避け，対立を恐れて何となく周囲に同調してしまい，自分の考えをはっきりと持つことが十分にできない。

研究主任として、自身の対話型授業を研鑽するとともに、学校全体に
実践研究の推進を目指しました。現在の子供の実態を学校が目指す子ど
もの姿に近づけるために次の実践研究を展開していきました。

（２）テーマ設定について
　子ども達が，自分たちが解決すべき課題を確かに共有し，生き生きと
主体的に学習に向かう姿，また，子ども同士がつながり合ってものの見
方や考え方を広げたり，新たなものを生み出したりする姿，このような
姿がある授業には，知識や技能が単に表面的なことにとどまらず，実感
の伴う深い理解へとつながるものと思われる。そこで，その手立てとし
て「対話」を授業の構想の中に適切に取り入れて，子ども同士の思考を
つなぎ深める授業を行っていきたいと考え次のテーマを設定した。

　　　　「つながり合って　学びを深める子どもの育成」
　〜対話の活用により　深い思考を生み出す子どもの姿をめざして〜

（３）めざす子ども像
　子供たちに現状を直視しつつ、目指す子ども像を設定し、実践研究を
推進しました。そのための第一歩が下記に列挙した「目指す子ども像」
の設定です。

（子供同士のつながり）
　ア　全員が解決すべき課題を共有して、全員参加（それぞれの気づ
　　　きの出し合い）で意見交流をしている。
　イ　聴く力（要約力）が育ち、話し手の考えの意図や思い・願いを
　　　的確にとらえて受け止めている。

ウ　発言への意欲をもち，くり返し発信する中で，一つの考えに固執せず，発想の転換ができている。

エ　批判や異なる意見，考えの対立をこわがらず，むしろそれを楽しむことができる。

（思考を深める姿とは）

オ　互いの意見を交流する中で，複数の考えから最良と判断できる考えを選択したり，曖昧な部分について理由や根拠などをはっきりさせて説得力のあるものにしたりしている。

カ　みんなで出したひとつの結論にとどまらず，再思考（見直したり・練り直したり）しながら探究する楽しさを感じている。

キ　自分が新たな知識や考え方を得て，成長していることを感じ取りそこに喜びを感じている。

ク　自分が所属する集団（グループ・クラス・学年）がさまざまな意見を交流しながら，新たな見方や考え方を見出し成長していることに喜びを感じている。

☆これを基に，低学年・中学年・高学年とそれぞれにめざす姿を設定し，具体的な手立てを考えて取り組む。

（3）対話により思考を深める授業づくり

対話により思考を深める授業づくりのため、下記を重視しました。

○「めざす子ども像」を基に，つながり合い思考を深める児童の育成をめざす。

○授業を構想するにあたって，各教科・領域の目標を達成するために，より深い思考が生まれ，深い理解につながるような対話の場

を設定する。

○全員が参加する授業づくりをする。(発言が受け入れられる雰囲気づくり・自己の考えを決定する場づくり・完成されたものだけが意見ではない。すべてが意見という意識付け・子ども理解と課題の共有化によりどの子も活躍できる場づくり)

○子どもの意見をつなぎ，思考を深める手立て（教材開発・教材分析・子ども同士のルールづくり・対立意見の活用・自己と他者との往還・整理する時間の確保）

（4）対話の基礎力の向上を目指して、授業で対話を活用する前提として対話の基礎力の育成を目指しました。

＜発声スキルアップの取組＞

①　取組のねらい

　子ども同士がつながろうとする際には，相手に伝わる明瞭な声で伝えることが，よりよいつながりをつくり，思考も深まっていくと考える。そこで，どの子どもも明瞭な声で話ができるようにと願って発声スキルを高める場をもつこととした。

② 　取組の内容

○発達段階に合わせた音読教材
　を使用し，「詩の音読タイム」
　を設定して，毎朝取り組む。

○学年内で音読の様子を交流し，
　スキルアップを目指す。

○発声時の声のスピード感や明
　瞭さを「声の矢」としてイメー
ジ化し，常に声をかけながら〝伝わる声〟の獲得をめざす。

＜対話力スキルアップの取組＞

基礎力の育成とともに、対話スキルのアップに取り組んできました。

① 　「対話型スピーチ」取組のねらい

　子ども同士がつながり合うには，日常のことをトピックとし，対話
の楽しさを体感したり，よりよいつながり方を身に付けたりしていく
ことが大切になる。そこで，年間の指導計画を立て，話し手と聞き手
の対話により，話し手が提供した話題がより広がったり，深まったり
して対話することの良さを感じ取ることができるようなスピーチタイ
ム「対話型スピーチタイム・を設定し。取り組むこととした。

② 「対話型スピーチ」取組の内容

☆聞き手を育てることに軸を置いた計画とする。

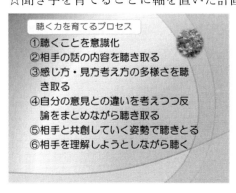

☆聞き手のスキルアップにふさわしいトピックの選定

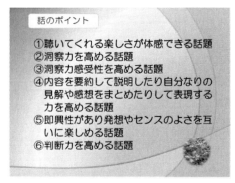

☆一往復半の対話で話し手と聞き手が対話する。

☆対話することの楽しさ（話題が広がる・違う見方に気づく・考えが深まる）が感じ取れるように，指導者が支援する。

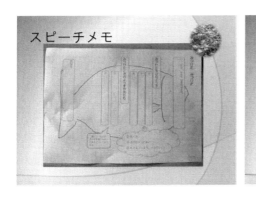

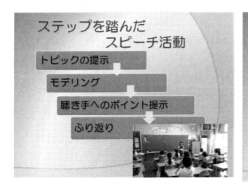

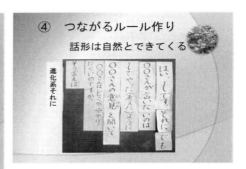

③　日常の取組

○日々の授業の中で子ども達がみつけた話型を大切にして掲示し，クラス全体に広げていくことでよりよいつながり方を身に付けていく。

（5）学習への姿勢をつくる取組

①　求める学習姿勢

　　正しい姿勢で学びに向かうとき，様々な面で学習効果が上がる。そこで，話す，聴く，書くなどのときの正しい姿勢保持ができるようにしたいと考えた。また，自己をみつめ，自己の目標を確かに立てられる子どもは，自分の成長を実感して学ぶことの楽しさを獲得し，さらに伸びようと主体的に学びに向かうと考えた。そこで，子ども達が真っすぐに学びに向かう姿勢を体と心の両面からつけたいと取り組むこととした。

②　取組の内容

○月の行動目標の設定　→全校で一斉に取り組む。（姿勢・返事・持ち物・チャイムスタートなど）

○家庭学習の習慣化　→家庭学習のしおりを作成し配布。指導内容を全校で統一して，下学年から積み重ねができるようにする。自学ノートは，「自学ノート大賞」を学期ごとに選び，取り組みを称賛して意欲付けをする。

○学力を支える体づくり　→毎日5校時を始める前に全校で「リフレッシュ体操」に取り組む。

【チームからだとの連携】　→低学年を中心にビジュアルトレーニングを行う。

（6）授業づくり・学びを深めることにつながる日常の取組

　小さなことではあるが，それがマンネリ化せず確実に子ども達の力となるように，以下のことなどの取り組み方について，指導者が共通理解しながら取り組むこととした。

〇読書の習慣化　→選書指導の下，10分間の朝読書に取り組む。

　　　　　　　　　→3年生以下は，週末親子読書を勧める。

〇音読カードによる音読の勧め（音読カードが形式的にならないような日々の工夫）

〇書くことは考えることととらえ、与えられたスペースいっぱいに書く習慣をつけることで、考える習慣をつくる。

＜教育実践の取組みを振り返って＞

　私が大切にしてきたことを振り返って見ました。

　子どもたちに質の高い"学び"を提供するためには、一つには、一人一人の子どもをそのままの姿で理解するとです。それを出発点としなければ、学びのストーリーは、はじめの一歩を踏み出すことさえできません。次には、派手に見える手法や一気に大どんでん返しがおきるようなことは望まず、ひたすら小さな、小さなチップを埋めていくがごとく、日々の取り組みを大切にすることです。そして、教材研究と教材開発が趣味となるくらいの楽しさをそこに見出し、人とのつながりを大切にして学習を構想しいていくことだと思います。人が好きでないと、教師の仕事はやっていられませんもの。

（荒川　仁美）

第4章
幼児期の感性を育む音楽教育

はじめに

　私は、2000 年に地元小学校の地域講師として、音楽の授業を手伝うようになりました。保育園や幼稚園、中学校でも音楽をとおして子どもたちとの関わりが始まりました。まだ、多田孝志先生の存在すら知らなかった頃です。

1．音楽指導をとおして子どもと関わる

（1）幼児期の感性の育み

　幼児期は、人格形成、生涯設計に関わる重要な時期と考えます。将来に与える影響が大きいものです。この時期に出会う環境や体験の数々はとても大切です。これらによって心が揺り動かされることが、成長に大きく影響すると思います。

　音楽に合わせて歩く、歌う、カスタネットをたたく、走るなどを通して、自然に感性が身につきます。やがて、体の感じ方や表現のし方が変わり自発性が生まれます。幼児期は小学校とは違い、時間が自由で細かいカリキュラムがありません。それゆえ、環境構成をしっかり考えてほしいと思っています。段階を経ながら組み立てる保育士の力量にかかっています。子どもと一緒に動いてほしい、体験してほしいとの思いで音楽指導に携わっています。私は、音楽を通して、少しでもお手伝いがしたいと思います。体験させながら子どもの感性を育てたいと考えていま

す。

（2）音楽指導の実際

　感性をみがくと言ってもそう難しいことではなく、音楽が好き、楽しいと思えることが大切だと思います。幼児期にその思いがないと、小学校中学校で特に男子の苦手科目になってしまいます。

①どんな音が聞こえる？

　保育園５才児の音楽指導の事例を紹介します。

　T「みんな寝転んでごらん」「目をつむってごらん」「口もつむってね」
　　「耳は起きてるよね」「静かにしてると何か聞こえてくるね。どんな音が聞こえてきたかな」　　（１分後）

　T「は～い、目を開けてごらん。寝転んだままでいいから教えて」

　C「水の音」「車が通る音」「人の声」「お皿の音」「飛行機」「かちゃかちゃ遊んでいる音」「風の音」「雨の音」「音楽」。

　これは、子どもたちが何かざわざわしている、今日はちょっと落ち着かないなという日にもやってみると効果的です。時にはそんな音は聞こえないのにと思う音が出てくることがあります。創作しているのでしょう。

②楽器の音色

　幼児期に合わせた持ち方・叩き方がありますが、はじめから「正しいのはこれ」と説明するのではなく、良い例と悪い例を見せて聞かせて子どもに納得させることを大切にしています。例えばトライアングル。左手人差し指を輪に入れて本体をグーで握って鳴らすと音がミュートしてきれいな音が出ません。左手をパーにして鳴らすと音が響きます。体

験をとおして子どもたちは学びます。「風鈴みたい。キラキラしているよ」「でもずっと鳴っているよ。止めるのはどうしたらいい？」と子どもが聞いてきます。パーからグーにしてぎゅっと握ると止まることをやってみせると、子どもは面白がって何回もパーとグーをくり返します。理屈より目で見て耳で聞いて覚えることが大事です。いつまでも覚えているものです。

③合奏で音が合う喜びを

　音が合わさる喜びを子どもたちに感じさせたいと思います。幼児期の子どもは簡単な合奏でも自分の楽器で精一杯。他と合っていなくてもそれどころではありません。縦の線が合わなくても平気です。そんな時は、3～4人（時には2人）ずつの簡単なパートに分け、他の音が聞こえるようにします。そうすると、縦が合っているかどうかよく分かり、だんだん合うようになります。他の音が少しでも聞こえるようになるともうしめたものです。合わせよう合わせたいという気持ちが出てきます。「他の楽器の音が聞こえる？」「聞こえた人？」「何の楽器？」と聞いてみます。何回か合わせていると、「気持ちいい」「うれしくなるね～」「園長先生に聞いてもらいたい」などと子どもたちはつぶやくようになります。このように、子どもたちは合わせることの楽しさを知ります。

　常日頃、「楽器は耳」と言っています。「耳掃除してなくてごみが詰まっている人は今日の音楽できないかもね」と冗談を言うことがあります。子どもたちは素直なので前日には耳掃除をしてやってきます。耳掃除は直接関係ないのですが、それくらいの気持ちでやってほしいと思っています。

2．地域講師として地元の小学校で指導

（1）イメージをもつ

　松江市立本庄小学校では、1・2年生音楽の授業にT2として8年間関わりました。まだまだ幼児に近い発達段階にあるとは言え、子どもが大人より音楽への理解力が劣っているとか、体験が浅いからという理由で拙い音楽と考えてはいけないとの思いで子どもたちに接しました。子どもだからできる限りやさしい音楽を、ポピュラーなものを、題名のあるものを等、不用意に使うことは誤りでると思います。大人と同じように音楽の持つ特質を正面からぶつければいいとの考えを担任に話しました。そして、イメージ活動、表現活動を大切にしていこうと共通理解して指導に臨みました。

　教師から発せられる言葉で、よく聞く次のような言葉があります。「どんなことを表したの？」「そこは雨が降っているの？」「悲しい気持ちってそんなふうなの？」「それって、ちょっと違うんじゃない？」。子どもをどんどん音楽から遠ざけていきます。イメージは音楽の一つのきっかけです。あるイメージからどんな音楽が生まれようと追及されるものではありません。

（2）「虫の声」と「山のポルカ」

　こんな場面がありました。男の子が「ぼくもカブト虫になって動きたい」と言ったら、他の子どもたちが「セミになってみたい」「ダンゴ虫になる」などと言い出しました。担任と頷き合い、やらせてみようという事になりました。子どもたちは、それぞれに思う虫を表現しだしました。すると、「先生、音楽つけくれない」とリクエストがあり、「わかった」と答えて動きを見ながら即興の曲をつけました。真剣に動いている姿が

何とも可愛らしく嬉しくなったものです。

　私がいない時に、ピアノが苦手な担任がおそるおそる弾いたら「先生、そんな音じゃ脱皮できんよ〜」と言ってきたそうです。担任は「子どもってすごいですね。イメージがしっかりあるから動けないものは動けないんだ」と、ショックと共に現実をしっかり受け止めたと語りました。

　「山のポルカ」は初めての大きな楽器を使った合奏曲。気分はすっかりオーケストラ。フルオーケストラとはいかないまでも、得意満面でわずか16小節の曲を堂々と演奏しました。大太鼓、小太鼓、シンバル、小さな楽器などを交代で演奏するのですが、各グループの発表が終わるたびに大喝采。これには驚きました。子どもオーケストラはここで終わらず、その後毎日教室で朝の演奏会が開かれたそうです。担任がおはようと入って来ると、すぐに演奏が始まり大きな拍手。自分たちで音楽室から楽器を運んできたようです。「となりの教室に迷惑がかかるでしょ。算数もやらないといけないよね。今日で終わりにしようね」と約束しても1か月以上続いたそうです。

　音が合わさった時の喜び、みんなでやった達成感、よほど心を引きつけたのでしょう。「個々の子どもの世界、音楽に接する姿をよく見ながら理解すること。表現しやすい環境をつくり子どもの良さを見つけること」。それが私たちに与えられた役割だと思うのです。

3．指導者対象の研修会

（1）研修の概要

　幼・保の保育士を対象として研修会に、年に1回程度出かけています。県内数か所、1か所30人〜80人程度です。「すぐに実践できる音楽あそび〜頭・身体・楽器を使って〜」をテーマにしています。子どもたち

が私のレッツミュージックで体験していることを先生方にも体験して
もらい、それぞれの遊びにねらいを持って指導してほしいと思っていま
す。実践する時の留意点も話しています。

　ねらいとして次の点をあげています。○機敏な動き○仲間づくり○コ
ミュニケーションを図る○集中させる（先生の方に向かせる）○耳をす
ます○音楽にのる○タイミングにのる○速さを感じ、歩幅を調節する○
速度・空間・エネルギーを感じる○イメージをふくらませる（歌など）
○音楽を豊かにする。

（2）幼児期の音楽への思い
　まずは音楽を好きになってほしい。幼児期は自主的に練習することは
難しいものです。次は何をするのか子どもがわくわくどきどきするよう、
また基礎の基礎をマスターするよう、大人が補助してほしいと思います。
先生がどれだけ子どもと楽しめるかが大切です。揃えようとかきれいに
出来ることを教えるのは一番大切なことではありません。イメージを豊
かに持ち、子どもの発想に共感しふくらませることに意識を向けてほし
いと思っています。子どもの発想に共感する先生の声や表情にふれた時、
子どもは音楽に引きこまれて夢中になり、心底音楽を楽しむものです。

　美しい音楽に耳を傾ける、ゆかいな気分でリズムにのったり心をこめ
て演奏したり、音楽をはさんで見えないメッセージがあふれています。
子どもたちは育ちたがっています。それを大切に見つめていると、私た
ち大人もいつの間にか育っています。子どものことをよく知り、音楽に
よって共に育つ関係をつくりたいと思っています。

　以上述べたことは、小学校低学年の指導にもつなげてほしいと願って
います。

▌ 4．音楽タイムと多田先生

（1）多田先生との出会い

　ある夏休み、当時の本庄小校長山﨑滋校長先生に誘われて隠岐の島に行きました。それが多田先生との出会いでした。初めて会う国際理解教育関係者が東京や大阪などから集い、松江からの参加者を含めて 12 名の旅行でした。楽しく充実した時間を過ごしました。隠岐から帰った直後にホテルで研修会が開かれ、「いったい何の研修会だろうか」の気持ちで出席しました。多田先生のお話を初めて聞きました。難しいところもありましたが、教育を考える上で引きこまれるものがありました。

　その後、島根県国際理解教育研究会（会長山口修司）の研修会に教員でない私が参加するようになりました。多田先生は毎年 2 〜 3 回来県され、そのたびにお話を聞くと共に声をかけてくださるようになりました。目白大学での研究会など県外にも出かけ、多田先生の実践や学生とのやり取り、海外での体験など、一言では語れない多くのことを学びました。多田先生の講演は、所々で隣の人とふれ合い遊びを入れながら進み、緩急が絶妙で気が抜けない緊張感もまた楽しいものでした。ついつい体が動いてしまいました。

（2）音楽タイム

　保育園や幼稚園の音楽指導だけでなく、小学校での音楽指導も長年続けてきました。その中で前述の山口修司校長先生が勤務された 3 つの小学校での音楽タイムを多田先生に見ていただきました。出雲市立伊野小学校では全校児童と教職員を対象にした音楽集会。同行した目白大学のゼミ学生も参加しました。安来市立比田小学校は全校児童 30 名。低学年と高学年に分けての音楽タイム。少人数の良さを生かした音楽指導の

あり方を見ていただきました。3つ目の松江市立古江小学校では3年生を対象に音楽指導をしました。この時も同行したゼミ学生の研修の場になりました。多田先生が、所々で学生を集め、子どもへの接し方や音楽指導のポイントを説明されているのが印象に残っています。

　多田先生には、それぞれの指導場面で適切なコメントいただきました。「子どもたちがピアノの演奏に合わせて自由に伸び伸び表現している。歌う、楽器を演奏する、歩く、跳ぶ。長い時間疲れもみせずにいい顔をしている。それだけ引きつけられるものがある」そのように見ていただいたことが大きな自信となりました。

おわりに

　今後も地域講師として、また市内外の保育園や幼稚園の講師として、子どもたちの音楽指導を続けていきたいと考えています。また、研修会を通して先生たちの音楽指導力向上にも微力ながら力を尽くしたいと思います。

　最後に、多田先生の共創型対話学習の理論と実践にふれながら、幼児期の感性を育む音楽指導のあり方をさらに追求したいと思います。

（内田　多恵子）

第5章
やわらかな感性を育む

はじめに

　私が多田先生と出会ったのは、広島県との県境に近い頓原町（現飯南町）の頓原小学校でした。「対話について指導を受けるので、対話場面のある授業を。」と当時の山口修司教頭先生から言われ、学級活動で「友だちのよいところ見つけ」をしたように記憶しています。

　それまで子どもたちが自分の思いを伝え合う授業をめざしながらも、自分の経験と感覚を頼りにしていたので、多田先生と出会い、授業についての理論を学んだこと、その後も続けて指導を受ける機会を得たこと、対話型授業について全国の先生方の優れた研究実践に触れることができたことは、私の教員人生の大きな転機になりました。

1．低学年担任として～頓原小学校での実践～

（1）対話との出会い

　初めて聴いた多田先生の講話は、大変刺激的でした。対話の基礎について具体的に話していただき、授業観について、これから取り組むべきことについて、光が見えた気がしました。

　低学年の担任をしていましたので、改めて子どもたちの良さと課題を考えました。子どもたちは、小さいころから一緒に過ごしているため、表情やしぐさでお互いのその日の様子を把握でき、言葉で話さなくても分かり合える仲間でした。また、「聞いて、聞いて。」と毎日話しかけて

くる子はいるものの友だちの話をじっくり聞くことは苦手なこと、使える言葉の数は少ないという実態を考え、まずは「聴く力をつけること」、そして「語彙を増やすこと」に取り組もうと考えました。ポイントになるのは、人との関わりです。今は、小さな集団で過ごしているものの、いずれは大きな社会で生活しなくてはならず、今の集団での伝え合いや関わりがそのための基本になると考えました。

（２）朝の会の取組
　学級の人数が 10 人ちょっとだったので、毎日の健康観察の時に「好きな〇〇」を言うようにしました。〇〇は、日替わりで色や動物や果物や遊具などで、「はい、元気です。赤が好きです。」のような感じです。子どもたちが自分のことを話す第 1 歩と考えたのですが、最初は、最初の子が「赤が好きです。」と言えば、みんなが「赤が好きです。」と言い、「イチゴが好きです。」と言えば、次々と「イチゴが好きです。」というように、同じ答えが返ってきました。時々「全部の色が好きです。」という子がいると、また「全部好きです。」と言う子が現れました。友だちと同じものでなくてもいいことやその日によって好きなものが変わったり人と同じでも理由が話せたりするとよいと話し、私が手本を示しました。素直な子どもたちですので、友だちと違うものを考えたり好きなわけを付け加えたりと、少しずつ好きなものの種類が増え、その子らしさが出てきました。
　また、日直のスピーチも続けました。スピーチのテーマを子どもたちと一緒に考え、全員に回ったら次のテーマにするというペースでした。テーマとしては、家族のこと・楽しかったこと・飼っている（飼いたい）ペット・見つけた秋・自分の宝物などでしたが、一番盛り上がったのは、「登校の時に見つけたもの」でした。

　梅雨時のある日、普段あまり話さないＡ児が、ぽつりと「地下道で、小さなカエルを見ました。」と言いました。すると、他の子が「Ａちゃんが見つけたのは、黄緑色の小っちゃくて細いカエル？」と聞き、「うん。」と言うと、「僕も見たよ。」「たくさんいたよね。」「きっと生まれたばかりの赤ちゃんだよ。」などと周りの子どもたちがスピーチに参加し、「このくらい小っちゃかった。」「こんな感じでぴょんぴょん跳んでいたよ。」とＡ児も手で大きさを示したり動きのまねをしたりして、カエルの様子が詳しくわかってきました。不安げな表情でスピーチをしたＡ児のうれしそうな笑顔が、今でもはっきりとよみがえってきます。多くの子が通ってくる地下道や階段の途中で見つけた生き物の話は、皆で共有できやすく、大人では見つけられないようなその子ならではの発見があるので、１年を通して楽しみなテーマでした。

　初めのころは１～２文で話していましたが、徐々に長く話したり、質問によって話が膨らんだりでき、話すことに対する抵抗が少なくなったと感じました。

朝の会でスピーチ

（３）生活科の取組

　①豊かな自然に囲まれ、地域の方との交流がしやすい環境の頓原は、生活科の教材に恵まれています。四季折々の素材を生かした頓原ならではの学びをしていきたいと考えました。

　春には、学校の周りのツクシやヨモギを採り、炒め煮やヨモギ団子を作りました。ヨモギ団子は、絵本「よもぎだんご」の読み聞かせをしてから摘みに出かけ、実際の団子づくりには、子どもたちのおばあちゃんに来てもらって、一緒に作って食べました。おばあちゃんたちは、ヨモ

ギ団子の作り方を教えつつ、子どもたちにたくさん話しかけ、褒めてくださいます。春の味とともに、おばあちゃんの技のすごさや手のぬくもりは、子どもたちにしっかり伝わったと思っています。

②２年生の「町たんけん」の単元では、町の人にインタビューしようと計画しました。「大人の人が、頓原のどんなところが好きかを聞きたい。」という願いをもって、子どもたちは、グループごとにマイクを手作りし、出かける場所を決め、質問の言葉を事前に練習して、意気揚々と出かけました。ところが、郵便局から出てきた人を見かけたものの声をかけられなかったり、スーパーの駐車場にいる人に話しかける勇気が出なかったり、道の反対側を歩いている人に気づいてもらえなかったりと、どのグループもインタビューに成功しませんでした。

学校に帰ってきた子どもたちは、口々に「先生、話しかけるのって難しい。」「声をかけたんだけど、遠くて声が届かなかった。」「後ろからでは、気づいてもらえないことがわかった。」など予定通りにいかなかったことを残念がり、実際に人と話すことの難しさを知りました。そして、「もう１回挑戦したい。」と言い出しました。私としては、この失敗は想定内でしたので、もう１度計画を立て直して、次の週に再挑戦する時間を取りました。

子どもたちは、まずはどうやって話しかけようかを実際の場面を想定して、話し合いました。後ろから追いかけるのはなくて待っていて前から話しかけたらよいのでは、声の大きさはもう少し大きくないといけない、などと反省をもとに練習を始めました。「こんにちは。お話を聞かせてもらっていいですか？」という言葉で始めることは、１回目のインタビューの前に決めていたのですが、生活科の勉強をしていることを言った後、自分の名前を言わなくては、相手に聞く前に自分の頓原の好きなところを言った方がいいかも…話し合いの内容が具体的になり、活気を

帯びてきました。

　そして、緊張しながら出かけた２回目の
インタビューでは、全部のグループが誰か
に話しかけることができ、大喜びで帰って
きました。「インタビューするのは、難し
いけど楽しかった。」「３人にお話を聞いた
よ。」「言葉のキャッチボールができたよ。」

町でインタビュー

「僕たち子どもが元気なのがいいところだって言われた。」「僕は、雪が
いっぱい降るところが好きって言ったけど、おばあさんは雪が嫌いなん
だって。」「ニコニコしてお話してくれて、私もニコニコになった。」と
次々に報告する子どもたちの目の輝きと話しぶりから、相手の言葉をし
っかり聞き取ろうとした様子がうかがえ、失敗を次に生かして活動をく
りかえすことの大事さを感じました。

　③常々、対話のイメージとして子どもたちに「言葉のキャッチボール」
と話していました。授業の中で少しずつ慣れてきていたことを地域で実
践したいと思い、町探検では、最初に説明を聞くのではなく、場所を見
せてもらった後、子どもたちからの質問に答えてもらうように訪問先の
皆さんにお願いをしました。それぞれが用意した手作りマイクは、自分
が質問することをはっきりさせ、相手と正面から向かい合う点からも、
町探検の必需品でした。地域の大人は子どもたちの話を好意的に聴いて
くださり、優しく答え、褒めてくださいます。話を聞いてもらえたうれ
しさや自分を認めてもらえた心地よさは、子どもたちの聴く力や話す意
欲を高めたと感じました。全員ではありませんが、「言葉のキャッチボ
ールは楽しいよ。」という子どもが出てきました。３学期が終わるころ、
保護者の方から連絡帳で、「わが子が下校途中に畑で農作業をしておら
れる方と世間話をしている姿に成長を感じます」というメッセージをい

ただきました。

（４）図書館教育の取組

　頓原小学校では、平成 17 年〜19 年度図書館教育に取り組みました。全員がマイブックバッグを用意しての朝読書、担任や地域ボランティアの皆さんによる読み聞かせ、ストーリーテリングやブックトーク、アニマシオン等、楽しみながら読書の習慣づけをする工夫を全校で行いました。

　また、「おすすめの本 120」を選定したことや「琴引タイム」を設定して、文章を正確に読み取る力と表現力（聞く力・話す力）をつけるスキル学習を継続したことも子どもたちの言葉の力を伸ばすことにつながったと感じました。

（５）子どものやわらかな感性

　雪解け間近なある日、１年生の子どもたちが「先生、早く来て。」と呼びに来ました。「すごいよ！見て！」という表情からは、悪いことではなさそうです。皆がベランダに出て、山の方を指さしながらわいわい話したりピョンピョン飛び跳ねたりしています。聞くと、向かいの山の雪をかぶった木々が風に揺れ、まるで大男とクマが戦っているように見えることを一人の男の子が見つけたというのです。子どもたちにとってはすごい発見だったようで、秋利校長先生と山口教頭先生も呼びに行き、ベランダに来てくださり、子どもたちと同じ目線で山を見つめ、子どもたちの表現を微笑みながら聴いてくださっていました。小規模校ならではのゆったりとした時間が過ぎました。

　大人なら、当たり前のこととして見過ごしてしまう小さな現象ですが、子どもの見方や感じ方では、とても夢のあることなのです。それを認め

てもらえる学校の雰囲気を管理職のお二人が創っておられたこと幸せ
を感じたひとときでした。

2.　教頭として～高田小学校での2年間～

（1）閉校までの日々に

　教頭として赴任した高田小学校は、全校児童11人の極小規模校でし
た。2年後に亀嵩小学校との統合が決まっていましたので、1年目は、
1，2年一人ずつ2人の女の子の担任として、2年目は、閉校に向けて
事務職員のいない学校の教頭として、充実した日々を過ごしました。

　高田の子どもたちは、心優しく純粋で、授業はもちろん日常のどんな
場面でも常に一生懸命でした。給食準備の時間に、半分は当番をし、残
りの子どもたちは、全校の掃除をしていましたが、高学年がてきぱきと
指示をしたり下級生の態度を優しく諭したりしながら熱心に掃除をす
る姿に毎日感心していました。

　少人数なので、毎日の学習や生活の場面で自分の考えを話す機会は多
いのですが、子どもたちの表現がパターン化していることと、他校との
交流学習では、いつものように進んで話すことができないことが気にな
りました。2年後には、新しい学校の友だちとの生活が始まり、いずれ
はもっと大きな集団の中で多様な文化や価値観をもつ人々と共存して
いかなければなりません。高田小での2年間で、子どもたちに表現力と
自信をつけていきたいと考えました。

（2）担任教頭として

　3人の毎日は、朝の「ダンスタイム」でスタートしました。簡単な手
遊びやリズム遊びから始めて、レクダンスやフォークダンスなど、1年

間でのレパートリーは 30 曲を超えました。高田小では、定期的にヒップホップ系のダンスの指導を受ける機会もありましたので、体を使って表現すること、笑顔で踊ることは上達が早かったと記憶しています。

　また、朝の会でのスピーチでは、1 年生の Y さんでも話しやすいように、「質問コーナー」から始めました。3 人なので、すぐに順番が回ってきます。私のスピーチの回数を多めにして、話し方のモデルを示していきました。自分の好きなことや苦手なこと、季節の生き物や食べ物のことなど、お互いの似ていることやちがうことが見つかり、だんだん話が弾む時間になっていきました。

　2 学期のある日、多田先生が山口校長先生の学校を訪問される前に内田多恵子さんとともに 3 人で高田小学校へ寄ってくださる機会がありました。朝の会から 1 時間目の授業を見ていただいたのですが、緊張する私とは違って、2 人ともいつも通りに踊り、歌い、スピーチをしました。1 時間目の授業では、作ったおもちゃの遊び方を説明する活動だったと思いますが、教室で遊び方を説明した後、校庭で実際に遊んでもらいました。恐れ多くも多田先生に向かって「もっとこんな風にしたらよいと思いますよ。」などとアドバイスする 2 人の姿に成長を感じたのを覚えています。多田先生たちをお見送りした後、2 人に聞いたところ「いつもより聞いてくれる人が多かったので、スピーチが楽しかった。」「にこにこ聴いてくれて質問もしてくれて、優しいと思った。」「飛行機飛ばしを楽しそうにしておられたので、うれしかった。」と短時間の経験が大きな自信につながったことがわかりました。私は多田先生、山口先生、内田さん 3 人それぞれから、子どもの話を正面から受け止める聴き方・答えたくなるような質問の仕方・具体的でやる気が高まるほめ方等対話のポイントを学ばせていただきました。

（3）朝の放送

　4年生以上の子どもたちが、交代で朝の放送を担当し、最後に「コメント」を言っていました。内容は、自分の読んでいる本や楽しみにしていること、学校行事や学級での学習のこと等の紹介でした。短い文章でしたが、スピーチはよい経験だと考え、その子ならではのコメントをめざして関わっていこうと思いました。

　私がスピーチの授業として理想としているのは、頓原小学校で多田先生がされた授業です。話すことが苦手な学年でしたが、自分のテーマで堂々と語る様子に感動したのを昨日のことのように覚えています。前日に多田先生が子どもたちとどんな出会いをされたのかどんなしかけをされたのか、どんなふうに励まされたのかはわかりませんが、まるで魔法にかかったように、子どもたちの姿が激変していました。私には、多田先生のように1日で子どもたちを変える力はないけれど、1年間コメントづくりを支えていけば、子どもたちの自信につながるのではと思いました。そこで、3日前に原稿を作って、私と打ち合わせタイムをもちました。そこで、内容について詳しくしたり表現を工夫したりして原稿を書き、当日の朝までに練習してくるようにしました。最初のころは、使う言葉が限られていていつでもだれでも話せる文章でしたが、徐々にその子らしさが出てきたりテーマを毎回変えてきたりして、表現を直すことが減ってきました。逆に、「Mちゃんらしい見方だね。」「その言い方、優しいね。」などと褒めることが多くなりましたので、自分らしい言葉で話せば大丈夫だという気持ちがもてたのではないかと思います。

　閉校を前に、いろいろな人との交流の機会を作って、活動の後には感想発表をしてきましたが、地域や講師の方々がどなたも「一人一人のコメントが素晴らしい。」「実感がこもった感想を言われてうれしくなった。」との言葉をいただくようになったことは、子どもたちの進歩を象

徴するものでした。

（４）研究の日
　閉校前の秋に県教研大会があり、高田小学校でも算数科の授業を公開することが決まっていましたので、月に２〜３回「研究の日」として、放課後の１時間、授業について話し合う時間を設けました。複式学級指導だけでなく教職経験も少ない職員が多かったので、授業の悩みや学級の様子について情報交換をし、教材研究をしました。少人数、複式学級でどのように対話を活用した授業を進めていくかについて、管理職の二人でアドバイスをしたり、授業の流れや教材について話し合って決めたりしました。
　また、公開授業の前には「模擬授業」を行い、発問や板書について、吟味しました。算数科は「わたり」（※下記に説明）で行っていましたので、授業の最初に行う直接指導でのめあての提示が、その後の間接指導（子どもたちだけの学習時間）に影響してくると考え、課題提示の発問については特に大事にしました。最初の発問を考えるだけで、１時間かかったり、２回続けて話し合ったり日もありました。ゆっくりとした歩みでしたが、授業者は授業のイメージをもつことができ、他の職員も実際に授業を受けながら、授業構想や子どもたちの思考について考える機会になりました。
　授業の流れやガイド（リーダー）学習のきまりを決めたこと、自分の考えを書く時間に付箋やワークシートを利用してノートづくりを工夫したこと、課題解決の場面で話し合いを深めるために教員がどう関わるかを具体的に考えたことによって、算数科の授業が少しずつ変わっていきました。
　秋に行った研究大会では、多数の参観者の前でも臆せず自分の考えを

話し、友だちと一緒に考え、結論を出そうとする姿に、大きな成長を感じました。研究に関わってくださった指導主事の方から「高田小学校の子どもたちは、学力調査の結果でも活用問題の点数が上がってきています。」と言っていただけたことも成果です。

※わたりとは、複式教育において、2つの学年がそれぞれの学習を進め、1時間単位の中で教員が移動して指導する、つまり学年間を「渡り歩く」指導形態のこと。

3．校長として〜稗原小学校での平和学習〜

（1）コミュニティスクール

校長として赴任した稗原小学校は、小学校・コミュニティセンター・幼稚園が同じ建物にあるコミュニティスクールでした。

出雲市の外国語活動のモデル校に指定され、校舎内のあちこちに英語の単語カードが貼られ、子どもたちはとても意欲的に外国語活動に取り組んでいました。当時の松井教頭先生が、「外国語活動については、担任が単元のゴールを見通して授業を行い、子どもたちも授業のパターンに慣れ、コミュニケーションをとれるようになっています。ですが、そのコミュニケーション力が他の教科に反映されていないのです。」と言われたことから、外国語活動で大事にしているリスン・アイコンタクト・スマイル・クリアボイス・リアクションは、対話型授業でも大事なことだと考え、「子どもたちに本物の対話力をつけていきましょう。」と話し、多田先生の理論で対話力を育てることを学校経営の大きな目標に設定しました。

学校教育目標は「温かいつながりの中で、目標に向かって粘り強くがんばる子どもの育成」としました。校長と園長を兼務していることやコ

ミュニティセンターの高野センター長さんが学校運営に協力的なこと
を強みとして、つながりづくりに努めようと考えました。

（２）今月の詩
　毎月行われていた今月の詩のゴールとして、校長室での暗唱を提案し、
合格したら小さな合格証を渡すことにしました。多田先生からも「今月
の詩の取組はいいね。」と言っていただきました。
　詩を暗唱することは、子どもたちにとってたくさんの観点からメリッ
トがあると思いますが、私は校長室での暗唱で、子どもたち一人一人と
の短い対話をしたかったのです。ほとんどの子がしっかりと私を見て暗
唱しましたが、緊張するから…と私に背を向けたり天井を見たりして言
う子や体でリズムを取りながら言う子もいました。「はい、合格です」と
言うと、皆ほっとした表情を見せ、「この詩のどこが好きですか？」「こ
の言葉の意味、難しいけどわかりますか？」等の質問に答えてから、合
格証を手に帰っていきました。担任の後押しもあり、３年間全員がその
月のうちに合格することができ、合格証を渡すことができました。
　いつも月初めに真っ先にやってくるＹさんが、月半ばになってもなか
なか姿を見せない時がありました。出会ったときに声をかけると、「覚
えてはいるんだけど…。」と歯切れの悪い返事でした。月末になってや
っと姿を見せ、合格したのですが、何となく元気がなさそうな様子に「何
かあったの？」と聞くと、「この頃おばあちゃんの足の具合がよくない
んだ…それに、この前からＨ君とけんかしていて…」と話してくれまし
た。「そう…心配しているんだね。優しいＹさんだね。早くおばあちゃん
がよくなられるといいね。Ｈさんとの仲直りもできるといいね。」と言
って見送りました。数日後、次の月になると、Ｙさんが「僕、何番目で
すか？」と校長室にやってきました。覚えたての詩を暗唱し、「Ｈ君と仲

直りしたよ。」と嬉しそうに話してくれました。その日からしばらくすると、笑顔で校長室に来て、おばあちゃんの調子がよくなったことを報告してくれました。

　また、教室では全く音読をしないけれど、校長室で私と一緒になら声を出して音読ができ、詩の暗唱もするという女の子がいました。初めはゆっくりと数行の音読でしたが、だんだんと読む量が増え、声も少しずつ大きくなってきました。読み方のよかったところを褒めたりポイントになる言葉の意味を話したりするとうなずきながら聴き「失礼しました。」と言って帰っていきました。時間はほんの短いもので、そのほかの場面では声を聞くことはできませんでしたが、少しずつ彼女との心のつながりができたように思いました。

　退職時に、全校児童からメッセージをもらいましたが、約半数の子どもたちが今月の詩の思い出を書いてくれていました。一人一人との小さな対話だけど続けて良かったと思っています。

（3）対話型授業をめざして

　多田先生に稗原小へ来ていただくことが決まって最初にしたことは、多田先生が書かれた「対話とは」という文章（中学校国語の教科書に掲載）と「対話力を育てる」シリーズの本の紹介でした。「対話をどうすればよいのかわからない…」と言う声が多かったので、「対話の基本がこの本にはある。」と話したのを思い出します。

　1年目の秋、多田先生に全学級の授業を見てみてもらい、コメントをいただく機会に恵まれました。この日が、全校で対話型授業に取り組むスタートになりました。それぞれの授業についてよいところを褒めてもらい、これからの実践へのヒントをいただいて、授業実践への意欲をもつことができました。

その後は、コロナの流行で外部講師を招いての研修ができない時期があったので、稗原小の教室と多田先生の研究室とを Zoom でつないで、職員一人一人の質問に答えていただくリモート研修を行いました。多田先生が、一人一人の質問をしっかりと受け止

多田先生とリモート研修

めてわかりやすく答えてくださる姿に、職員が感激していました。

　稗原小学校の職員にとって、遠く離れた多田先生の理論をわかりやすく教えていただいたのは、山口修司先生でした。雑賀幼稚園長として勤務される傍ら、年に数回、稗原小学校に来校して授業づくりを細やかに指導してくださいました。夏休みには、夏季研修会として、秋の公開授業に向けての教材研究をしました。

　山口先生は、豊かな経験をもとに、対話のある授業をどう創っていくのかを具体的に教えてくださり、職員は山口先生を信頼し、素直にアドバイスされたことを1つずつ実践していこうとする姿が見られました。

山口先生との研修

　1年目に公開授業をした小村聡子教諭は、低学年担任のスペシャリストでした。いつも子どもたちと楽しそうに授業をしていました。小村さんは、多田先生と出会ってからの変化をこう振り返ります。

　「多田先生のお話を聞いて、対話とは、人同士だけでなくもの・ことともできると教えてもらった。それから、自然物（季節の花・実・虫）に目が行くようになり、子どもたちに紹介した。季節を通して自分の思

いを発したり子どもどうしで「ああ、そうだね。」と分かり合ったりする
ことを大事にしてきた。

　それまでは、とにかくわかりやすく教え、子どもたちが「わかった。」
「できてよかった。」と思う授業がよいと思っていた。多田先生と出会
ってからは、子どもたち同士視点をもって伝え合う、分かり合う授業を
しようと思って実践した。その方が深い気がしてきた。教材研究も、子
ども視点でしてきた。すると、子どもの感性に気づき、思考しながら深
まるおもしろさを感じた。」

　小村さんの行動力は素晴らしく、自分が興味をもったことがあれば、
幼稚園の先生とともに活動したり、地域や保護者の方に聞きに行ったり
と活動をどんどん広げていったことを思い出します。

　研究主任をしていた土江亜希子教諭も、多田先生と出会って大きく進
化した一人です。柔らかな雰囲気での学級経営と全校を巻き込む音楽活
動には定評がありました。コロナ禍での研究推進には、「コロナなのに、
対話をしてもよいのだろうか…でも、対話を止めたくはない。」と悩み
相談を受けたので、「対話をやめるのではなくできる方法を考えよう。」
と話し合ったことを思い出します。

　5 年生担任として、稗原の米作りを題材に、子どもたちを大きく変え
た実践がありました。土江さんはその時をふりかえって、次のように語
りました。

　「教員主導ではなく、子どもたちが自分たちで学ぶ授業の楽しさを知
った。身近な人や地元の食材は、子どもたちとって興味や自信をもつこ
とができる素材だった。何度も繰り返し調べたり聞きに行ったりできる
良さを実感した。時間が大事と教えてもらったが、結論を急がず、子ど
もたちが立ち止まって考える時間をとることが、子どもたちの力となる
ことがわかった。」

研究主任として、対話力育成の実践校（松江市立古江小学校）へ出かけ、聞いてきたことを稗原小の取組に取り入れていきました。人間関係づくりとともに対話のスキルアップをねらった『ほかほかタイム』はその１つです。ほかほかタイムは、子どもたちが楽しみながら語り合う時間として定着していきました。

　また、コロナ禍でペアやグループでの活動が制限された時期には、紙（文章）でのやり取りを提案してくれました。行事や学年での取組の様子や感想を掲示板に貼りだしていたのですが、それを見て終わりではなく、カードにメッセージを書いて伝える機会を作ることで、もらってうれしい、読んでもらってうれしい取組になりました。

　私や小村さんと一緒に姫路の共創研の研究会に参加したことや共創研島根支部の会に松江まで出かけたこともよい経験だったと語ってくれました。

（４）総合的な学習「平和について考えよう」

　コロナ禍で、６年生の修学旅行は県内で行うことになり、平和学習をどうするか課題となりました。広島の原爆については教えたいけれど、発想を変えて稗原や出雲市の戦争についての学習を進めようということになり、総合的な学習で扱うことにしました。

　令和３年度の６年担任森山智紘教諭は、多田先生の理論を学んで大きく変わった一人です。12月に行った公開授業では、９人の６年生が自分の調べたことをもとに思いを語り合い、考えを深めていく姿が見られました

　９人が選んだテーマは、「子ども・

平和のための語り部になろう

学校」「国民のくらし」「兵隊の生活」「国民や兵隊の仕事」「国同士の関係」「戦い（どこで、どのように）」「武器・兵器」「ルール・政治」「戦争の被害」でした。

　コミセンの向かいにある堂山に、かつて防空壕があったことや今でも慰霊碑があることが、学習の導入になり、自分の身近にも戦争の跡が残っていることが実感できたようでした。戦争経験者の91歳のおじいさんの話や小学校が兵隊さんの宿舎になっていたことを語る96歳のおばあさんへのインタビューも、最初は私がコーディネートしたものの、自分たちでできるようになっていきました。

　途中、各自の進捗状況の報告を行い、行き詰っている部分や悩んでいることを出し合い、お互いの情報から調べ方の方向性を見つけたり新たな課題を見つけたりしていきました。夏に山口先生から国語科の『ヒロシマのうた』の学習を大事にすることをアドバイスされ、登場人物の心情の読みとりに力を入れたことや、道徳で東京大空襲について学習したことも、総合的に本時へつながっていったと感じています。

　森山さんの授業は、派手に次々と発言するのではなく、途中で沈黙があり、お互いの発言をじっくり考えたり聞き返したりしました。森山さんが「待つ」姿勢をもち続け、粘り強く支援を続けた成果だと思っています。9人の中には、表現することに苦手意識をもつ子どももいたのですが、迷いや疑問を素直に出すことができるようになり、学級全体の対話力が高まっていきました。

　授業後に行った、ミニデイ（コミセンで定期的に開催される元気な高齢者を対象とした教室。健康維持や交流を目的にしている。）での語り部活動は、参加者のことを考えた資料作りと話し方練習をして臨み、高齢者の方が真剣に聞いてくださいました。そして、参加者のお一人が、「皆さんが話してくれた新川鉄橋爆撃の音を自分は稗原で聞いた。ここ

でも戦争はあったことが忘れられない。戦争は2度としてはいけないと言ってくれて心強い。」と発言されたことが、心に残っています。

　森山さんは、「対話力を高めるために」と、多田先生・山口先生から聞いて心に残った言葉や、日常の授業場面で子どもたちの発言や自分の関わり方への反省などを記録し、残しています。多田先生の本も読み、地道に対話力育成について意識を高めていったことがわかりました。森山さんの授業に対する姿勢は、他の教員によい刺激となり、学校全体が前向きに変わったのを感じました。

　以下、6年「総合的な学習の時間」構想図と本時の学習の流れを載せます。授業記録については、授業後にいただいた山口先生のコメントをそのまま載せました。授業記録の全てを詳しく書くより、対話が深まった授業の姿がより伝わると考えたからです。

総合的な学習の時間　構想図

平和学習　〜平和のための語り部になろう〜

（夏休みの課題）戦争・核について調べる

（総合）　平和について考える
・平和イメージマップを作り、対極の戦時中について考える。
・堂山見学、慰霊碑、式典の存在から自分にできることを考える。（９月）↓
　　　　クラステーマ〜平和のための語り部になろう〜

（国語）
ヒロシマのうた
（10月）

（総合）
平和のための語り部になろう
・各児童調べ学習テーマ決定
・調べ学習（１０〜11月）
・地域の方にインタビュー

テーマ ・どんな戦い
・ルール，政治 ・武器，兵器 ・暮らし ・学校
・子ども ・国の関係
・被害 ・仕事

（道徳）
東京大空襲の夜に(10月)

（国語）
海の命
（11月）

（総合的な学習の時間　他）
私たちの出雲市に戦争があった頃の話
・大社基地見学事前学習(11/11)、大社基地見学(11/16)、事後学習(3学期)
・稗原地域の方にインタビュー

（社会）世界に歩みだした日本(12月)

≪本時≫（総合的な学習の時間）平和学習１２月２日
語り部として何を伝えるといいか話し合おう

（社会）長く続いた戦争と人々のくらし（1月）

語り部実践 コミセンミニデイ(12/17)

【本時の学習】

①本時の目標

　・友達との話し合いを通して、自分が語るべき想いをはっきりさせ
　　ることができる。

②展開

予想される子どもの活動と反応	教師の活動と手立て ◎評価規準〈評価方法〉
めあて　ミニデイで「どんなこと」を語るといいか話し合い、語るべき強い想いを見つけよう。	
1　戦争の「どんなこと」を語るといいか話し合おう。 みんなで話し合う。 （全体対話） ・たくさんの人が犠牲になり、今の平和があるんだと感じました。 ・同じことを思ったけど、それなら命の大切さを語るのもいいと思うよ。 ・戦争は家族をバラバラにしてしまうものだということを語るといいと思う。 ・どうしてそう思うの？	・どんな事象があったのかを話し合うのではないことをおさえる。 ・わからないことは質問したり、詳しく教えてもらうように促す。 ・対話に参加できるように、調べ学習の内容を把握しておき適宜、意図的指名を行う。 ・話し合いが停滞した際には小グループでの話し合いを取り入れ、きっかけを作る。 ・友達の考えに自分の思ったことも関連させて話すようにさせる。

・調べたら、○○ということが分かりました。 ・○○さんの教えてくれたことから、自分は〜と思ったよ。 ・相手が高齢だから、何を感じたかを中心に伝えるといいと思う。	・話し合いが停滞するような場合は、担任が児童の考えや想いを提示し、きっかけを作る。 ◎自己の調べてきたテーマや、蓄積してきた知識を友達の想いに関連付けて発言している。 （整理・分析）
2　強く語りたい想いを決定し、語りの内容を考える。 　┌────────────────┐ 　│話し合いを基に、語り部として語る想い、内容について考える。　自己内対話）│ 　└────────────────┘	・話し合いを参考に自分の伝えたい想いを決めさせる。 ・想いを伝えるために調べ学習のどんなことを語りに組み込むといいか考えさせる。
3　ふり返りをする。	・話し合ってみたことによりはっきりしたこと、変容したことに触れながら振り返るようにする。 ・次時からの活動の予告をする。 ・話し合いの良かった点を認め、対話への意欲の向上を図る。

③研究の視点

・戦争の「どんなこと」を伝えるべきかという視点で話し合わせたことは自分たちの調べ学習を活かして語るべき想いをはっきりさせることに繋がっていたか。（必然性のある課題設定）

・座席を円形配置にしたことは、児童同士の対話の活性化に繋がっ

たか。（深め合う他者との対話）

〔授業に対するコメント〕山口

○なんと言っても、これまでの積み重ねが実を結んだ授業であった。「自分で調べてきたことを、語り部としてコミセンミニディで伝えたい、それを友だちに知ってほしい」という思いが滲みでた授業であった。

○TくんとSくんのやり取りはいい。質問・答えで終わることなく何回か続く、まさに言葉のキャッチボールができている。
それに対して先生が「今のやり取りはいいね」とタイミングよく評価を入れる。

○Sくんが「何を言おうとしたっけ…」と止まった時にまわりが待つ姿。Sくんは暫く沈思黙考。話し合いが続きその後再び参加、「さっきの続きで…」とSくんが話す姿がよい。

○「はだしのゲン」のゲンの言葉や泣いた赤ん坊の話など、様々な事実や体験と関連づけて話していた。

○高齢者施設で働いているTくんのお母さんから聞いた話など、広く聞き取り取材した成果が、随所に表れていた。

○森山先生の待つ姿勢がよかった。途中で発言が途切れ長い沈黙が続いた時も、先生は一言も発せずじっと待っていた。

○どの子も一つ一つの発言が長く分かりやすい。多くの意見が出た。（※多田先生によると17の発言が出た）

○あえて課題を言えば、①先生の表情や話し方のメリハリがあるとよい。オーバーアクションなくらいがいい。特にほめる時は。②本当に大切なことを話す時は声をおとして、「あのね…」。

　森山さんは何度も山口先生に授業を見てもらい、その都度助言を得ながら、質問に答えてもらいました。森山さんが山口先生に送ったメールの一つを紹介します。

> 　ここ数年間、山口先生からは沢山のお話を聞かせていただき、そのたびに「待ってみよう」「子どもに委ねてみよう」など今までの自分の授業を改善しよう！という気もちにさせていただきました。『対話』について知るほど、自分なりに解釈して実践してみるほど、日々意識してみるほど難しさと共に面白さを感じることができました。それは、先生の感想にもあったように子どもたちの変容、成長が見て取れたからこそだと思います。子どもたちにも感謝ですね。

（5）稗原小の3年間をふり返って

　2年以上をコロナ感染予防対策に追われ、学校運営を見直さねばならない状況でしたが、コロナ禍でもできる限りの交流活動ができ、子どもたちや職員の変化を多く見ることができました。これは、いつも多田先生が見守ってくださり、山口先生が支えてくださったおかげだと思っています。

　令和2年度に6年生担任として公開授業を行った中尾達也教諭は、多田先生から温かく厳しい指導を受けました。

　私の退職に際して、中尾さんからこんなメッセージをもらいました。

　「教師としての幅が広がったなと感じています。今までは"導く""引っ張る"ことが

多田先生の講話

きるのがよい教師だとばかり思っていました。でも、沈黙の時間を楽しんだり、子どもを信じて待ったりということを学ばせていただきました。中堅を迎えるこの３年間で校長先生に出会えたことが貴重でした。」これは、まさに多田先生へのお礼の言葉だなと思い、中尾さんの変化がうれしくなりました。

　教諭時代に多田先生と出会い、指導を受けた経験は、今でも私の宝ものになっています。授業を見てもらうたびに褒めていただき勇気をもつことができ、お会いしてお話を聴くたびに授業実践への意欲に灯をともしていただきました。私自身も校長として、毎日授業を見て回るたびに、子どもたちの成長や職員の頑張りを見つけて励ましてきたつもりです。その励ましが少しずつ伝わっていったのではないかと思っています。

┃ おわりに

　退職後、再任用教諭して市内の小学校に勤務しています。稗原小の最後の年に多田先生から「退職後はどうするの？」と聞かれ、「教員として授業をしたいです。」と答え、「松岡さんらしい選択だね。」と言っていただき、迷うことなく進むことができました。大規模校での久しぶりの授業に戸惑うこともありますが、多田先生とのご縁を生かし、一実践者として、授業づくりを続けたいと思っています。

（松岡　祐子）

終　章
新たなる境地へ向けて

1．30年を振り返って

　多田先生を島根に迎え始めて、正確には今年で 29 年になります。本書では今年が 30 年としていますが、正確には明年が初来県から 30 年になります。しかし、流れの一貫として今後も継続して来ていただきたいという意図を込めて、本著では今年を 30 年としています。現場が大好きな先生ですから、島根とのつながりは、30 年ということでご了解いただけると思います。

　「多田先生が大好き」と言う方は、島根以外にもたくさんおられますが、その理由は、講演や授業研究でのご指導以外に、もう一つ別の理由があります。それは「お酒を飲みながら会話」できるからです。昼間に少し緊張して話していた相手と、胸襟を開いて話し合う。ノミュニケーションという造語がありますが、よく出来た造語だと思います。お酒があまり強くない私ですがこれには、積極的に参加します。やはりそれほど強くない多田先生も、疲れていてもお相手をして下さいます。話の内容は、授業論や教育のことが多いのですが、こういう時には、相手の方にしゃべらせることが得意な方ですので、誰もが気楽に話せます。談話や対話の相手が偏らないよう考え、過去の失敗談などを交え、気さくに話してくださるので、すぐに打ち解けます。どこにでもありそうな話ですが、30 年間これを続けるきっかけを作ったのは、(お酒が大好きな)森泰先生です。酒席に関してはいくつかの話題に残る話もありますが、昼間に言えなかったことが、夜には語ることが出来ることもあり、30 年も

続いた理由の一つはここにもありそうです。

　実は、本書出版の話も、このような酒席の中から出てきたのです。話がかつての実践についての話に及んだ時、それは出版によってよみがえさせられるし、良い実践はいつでも参考にできるように、しておくことではないかと言う話題になりました。発案者はもちろん多田先生です。私たちが、このタイミングで過去に行った授業や研究内容を、掘り起し、紹介することは、決して過去を振り返り、懐かしむためではありません。共に歩んだ島根の教育実践・研究のまとめをし、大きな社会変動や、それに対する的確な対応を求められている教育の在り方について学び、考えていくことが必要だと考えるからです。

　ここでは本書の執筆者だけでなく、これまで多田先生のご指導を受け、共に歩み続けて来られた多くの皆さんはもちろん、初めて多田先生の存在、魅力あふれるお考えについてお知りになられた方、さらにこれから学ぼうとしておられる方もご一緒に、かつての実践を振り返り、これからの教育への展望を開いて行きたいと思いますが如何でしょうか。

　本著の発行は、多田理論とその影響を受けた人たちの実践・研究をつなぎ、深めることを狙いの一つとしていますが、取り分け若い先生方への普及、啓発には心を砕きたいと考えています。ただし、若いと言う意味は、かつて詩人サムエル・ウルマンが言った「青春とは人生のある期間を言うのではなく、心の様相を言うのだ」という詩の一節に従い、実年齢が若い人だけでなく、心の様相が若い人を加えて、「逞しき意志」「優れた創造力」「燃ゆる情熱」（「青春とは心の若さである」角川文庫より）を持って、共に前に進もうと考えている人のことを指しています。

▍2．おわりに

　各章において取り上げた事例については、一つずつ執筆者間で検討したわけではありませんが、公開授業や教材研究、授業研究等を通して、相互に理解しあっている部分がたくさんあります。監修の多田孝志先生や、祝詞をいただいた森泰先生からは、適切なご指導と共に、一人一人の執筆者に賞賛や激励のお言葉をいただいています。そこで少し視点を変えて本書を読み返してみると、各章には次のような共通した特徴があることに気づきます。

　一つ目は、子どもたちに何をどう教えるか。その本質を追求していることです。目先のことだけでなく、どんな子どもたちに育てたいのか、どのような方法でそれを実現するのか、実践の中でそれが示されています。一つ一つの授業実践に当たり、そのことがこれからの社会で生きる子どもたちの育成へとつながっています。

　二つ目は、学校外の人々とつながって学んでいることです。これからの学校教育は教師だけではなく、地域住民や専門的知識・経験をお持ちの方、また他地域の学校や外国の子どもたちと、つながって学び、その延長線上で共に生きていくことを学ぶ。本書で取り上げられた実践には、そのことが当たり前であるかのように取り上げられています。なおその典型事例として、第4章を執筆した内田多恵子さんの実践があります。多くは語りませんが、内田さんと子どもたちで創り出す夢のような世界をご覧になれば、ご理解いただけるかと思います。

　三つめは、共創型対話を生かした対話型授業が行われていることです。多田先生が提唱しておられる共創型対話を活用した授業について、これを分析・研究し、学級つくりや学習環境つくりからはじまり、聴く、話す、対話するためのスキル学習を充実させ、学びの質を高めるための工

夫がなされています。対話を通して子どもたちが自分自身の考えを深める学習につながっています。

　四つ目は、どの実践も校長のリーダーシップや、校内研修の体制が光っていると感じます。校内研究の推進が学校を動かし、職員研修の充実を通して、授業が深まり、子どもが育っていることが良く分かります。多田理論に学びつつも、確かな理論に裏打ちされた実践力で、自ら先頭に立って職員を支える教育実践には、計画から実践まで校長が中心となって取り組んでいる学校もあれば、研究主任などミドルリーダーを中心として、校長は広い視野からこれを支援する実践もあります。他の方法もあるかと思いますが、どちらも教職員が一丸となって取り組んでいる様子が伝わってきます。

　少し古い時代の実践もありますが、超情報化社会にあっても、いや超情報化社会だからなおさら、大切にしなければならない人と人とのつながりや、個々の感性を大切にする取り組みなどがあります。

　子どもたちにとって,何が必要なのか、もう一度最初から考え直して取り組むことも必要かと思います。

　皆様には中身をお読みいただき、厳しくご指導、ご助言をいただけましたら、うれしく思います。そしてできることなら「新たなる境地へ向けての取り組み」に一緒に取り組んでいただけましたら望外の喜びです。なにとぞよろしくお願いします。

　なお、最後になりましたが、本書発刊に当たり構想の段階から執筆まで、懇切丁寧にご指導、ご支援をいただきました多田孝志先生、並びに適宜激励の言葉を添えてご指導いただきました、野武士軍団の頭領森泰先生(多田先生がこう命名されました)には、心よりお礼申し上げます。また、出版に当たって様々なご指導、ご配慮をいただきました三恵社の木全社長には、併せて深くお礼申し上げます。　　　　(山﨑　滋)

監修　多田孝志

　金沢学院大学教育学部　学部長　教授、博士（学校教育学）

　目白大学名誉教授、青山学院女子短期大学、立教大学大学院、東京大学教育学部、学習院大学文学部兼任講師等歴任、日本学校教育学会長、日本国際理解教育学会長、異文化間教育学会名誉会員、日本グローバル教育学会常任理事、共創型対話学習研究所長、国内外の小・中・高及び海外の学校での教育実践経験がある。

　「一教育の真実は現場にある一をモットーに教育現場の教師たちと新たな学びの共創に取り組む教育実践研究者。

　30 年間にわたる島根への来訪を通じて、多くの教師が授業計画から実践、省察まで含め、教育の在り方そのものについて指導を受けてきた。

著者　山﨑　滋

序章・終章執筆

　元公立学校教員、教職退職後は、教育委員会や公民館に勤務。現在は無職。多田孝志教授が所長を務める「共創型対話学習研究所」の事務局長である。本人は教育実践のために何かお役に立てることがあれば、お手伝いしたいと考えている。一人の地球市民として、或いは一地域住民として教育実践を支援するのが夢である。

著者　錦織　明

第 1 章　執筆

　体験型社会教育施設「出雲かんべの里」館長、元公立学校教員、教職退職後は、教育委員会勤務を経て現職。ジョン・デユーイの「学校と社会」を羅針盤として、教育実践を行ってきた。子どもたちが、本気で取り組むにはどんな教材が良いのか？どんな学びをすればワクワクするのか？いつも子ども中心の学びを追求する姿勢は、とても大胆で圧倒される。優れたリーダーシップで周りの教師たちを、共創の仲間へと引き込んでいく。

著者　山口修司

第2章　執筆

　松江市立雑賀幼稚園長、共創型対話学習研究所理事、元公立学校教員、取り組むべき課題が多く、多忙を極める学校現場において、授業創りを中心とした学校経営を行ってきた。多田教授の対話型学習の理論を基盤として、学校の実態に応じた実践的な取り組みを行い、成果を上げている。定年退職をした今、現職時代に培った研究成果を生かし、若い教師の資質向上のために努力を注いでいる。

著者　荒川仁美

第3章　執筆

　松江市立出雲郷小学校教諭、小学校教諭であるが、韓国の慶北外国語高校で日本語教師としての勤務経験がある。授業実践に当たっては、これはと思う教材を徹底的に調べ上げ、その過程で地域の人たちとの関係をつくる。一人一人の子どもたちが、自らの力で学び取ることが出来るよう対話力の育成に力を注ぎ、多田理論を自らの指導に生かしている。現任校では、自ら率先して提案授業を公開し、若い教師を育てている。

著者　内田多恵子

第4章　執筆

　民間の音楽講師としてピアノのレッスンを行っていたが、事情により故郷にＵターン。地元の幼稚園や小・中学校で音楽講師として活動を始めた。子どもたちを音楽の魅力に引き込む名手である。はじめは硬い表情の子どもたちが、ピアノの演奏と内田さんの笑顔につられるかのように身体を動かす。子どもたちの歌声と笑顔、身体表現を見ていると、心と体で感じ、表現する大切さを実感できる。

著者　松岡祐子

第5章　執筆

　出雲市立四絡小学校教諭。元公立学校教員で、定年退職後に再任用教諭として現職に就任。対話論を中心とした多田教授の教育理論に学びながら、授業を行う若手や中堅教師の気持ちをよく理解しながら生きて働く学校づくりを目指した。今、授業者とミドルリーダー、管理職がそれぞれの立場から、授業の在り方を研究する中心として、新たな授業実践に取り組んでいる。

特別寄稿　森泰

　元公立学校教員で、定年退職後は、地元の松江市城西公民館の名物館長として17年間務め、惜しまれながら退職した。教職在籍中は地域の教育資源を生かし、地域の方々と共に授業に取り組み、公民館長となってからは、地域住民として学校の教育活動を積極的に支援した。野武士軍団の棟梁と呼ぶにふさわしい存在だ。

心にひびく教育を求めて　多田孝志先生と島根の教師30年

2024年 3月31日　　初版発行

編　集	山﨑 滋
著　者	錦織 明
	山口 修司
	荒川 仁美
	内田 多惠子
	松岡 祐子
巻頭言	多田 孝志
特別寄稿	森 泰

発行所　　株 式 会 社　三 恵 社
〒462-0056 愛知県名古屋市北区中丸町2-24-1
TEL 052 (915) 5211
FAX 052 (915) 5019
URL https://www.sankeisha.com

乱丁・落丁の場合はお取替えいたします。
ISBN978-4-86693-728-1